图解服务的细节
068

面白いほど売れる！商品陳列の法則99

有趣就畅销！商品陈列99法则

［日］福田博秀 著
王高婷 译

人民东方出版传媒
People's Oriental Publishing & Media
東方出版社
The Oriental Press

前言

一日，在前往某企业开展指导工作的途中，我心中涌起了这样的疑问。

打造店铺的差异化、打造有特色的店铺、目标顾客群的明确化、商品挖掘、单品管理、店铺门面的合理利用……这些都是我经常提到的说法。同时，在进行打造卖场的相关指导时也经常使用到。但是，我是在真正了解这些说法之后才加以运用的吗？在遇到问题或者进行指导时，我是否下意识地使用了那些像咒语一样便于使用的、张口就来的观点？这些观点到底只是简单的说法，还是真正重要的信息？

或许是因为现在市场上掀起的一种新风潮，很多人认为如果商品本身质量好，那么卖场环境的打造是次要的问题。

但我认为事实并非如此。

很久之前我就经常提到一个观点，那就是“店铺必须有趣才能称之为店铺”。一家店铺，只要存在，就必须要把自己打造成顾客愿意特意光临的地方。

如果仅是购买必需的商品，那么顾客即使不去店里，也可以通过网购等形式，在任何一段时间内购买到世界各地的商品。

顾客特意光临某家店铺，是因为这家店铺中有顾客亲自去才能体会到的乐趣。这就是店铺的存在价值。而为了实现这一价值，卖场必须要打造卖场环境。

例如：顾客每次去都会发现新商品；顾客能轻松买到自己想买的商品；卖场内是一个舒适的空间，身处其中能令人忘记时间；有些商品只有这里买得到；如果不来店铺就感受不到这里的气氛。重点是顾客与店铺员工都认可这样的店铺价值。

在卖场打造中，重要的是商品展示的类型。因为这是构成卖场的基本要素。

卖场打造时，周到是要点，这一要点能实现卖场的大变身。所谓周到，就是要站在顾客的立场体会观察商品的心情，把握现场中的转机。换句话说，就是把握住顾客是怎样来店的，是抱着什么样的心情购买商品的。在把握上述信息的基础上，店铺应当合理利用现有的卖场资源达到更好的陈列效果，高效落实各项方案。

掌握了上述两点，店铺在进行卖场、商品展示时将更加得心应手。

本书选取了为实现店铺的“周到”而应当具备的99个要素，并进行了详细介绍。

那么，如何才能提高顾客的来店频率，打造快乐卖场？

本书主要包括9章内容：

第1章是关于卖场的基本看法与把握方法。第2章是以商品陈列为中心，观察顾客的购买心理与购买行为。

第3章是视觉营销的掌握方法与表现方法。第4章是商品陈列、基本的陈列技术、POP的相关知识。第5章是商品推荐。第6章是对商品陈列的展示方法及卖场与陈列相关措施的说明。

第7章、第8章介绍了商品展示中的要素——色彩与照明。第9章添加了便于读者开展卖场自我诊断的表格。自我诊断后，店铺需要改善的地方就会显现出来。如果您需要专业的指导请联系笔者。

本书所述内容都是根据笔者以往的卖场打造、视觉营销的实践与体验概括而来。如果能为各位读者在卖场打造、商品陈列中做出一些贡献的话，我将深感荣幸。

福田博英

目录

第 4 章 商品陈列的方法 / 105

第 1 章

评价自家店铺的方法

01 制造来店动机

打造与来店动机相契合的卖场

顾客的来店动机概括如下：有必要亲自来这家店铺购买；突然有急用需要来卖场；商品种类丰富；感觉这家店铺很亲切；有的商品只有这家店铺才有；在这家店铺购物有满足感；在店铺购物很便利。契合顾客不同的来店动机打造出来的卖场特点各有千秋（图表 1）。

图表1　激起顾客的来店动机

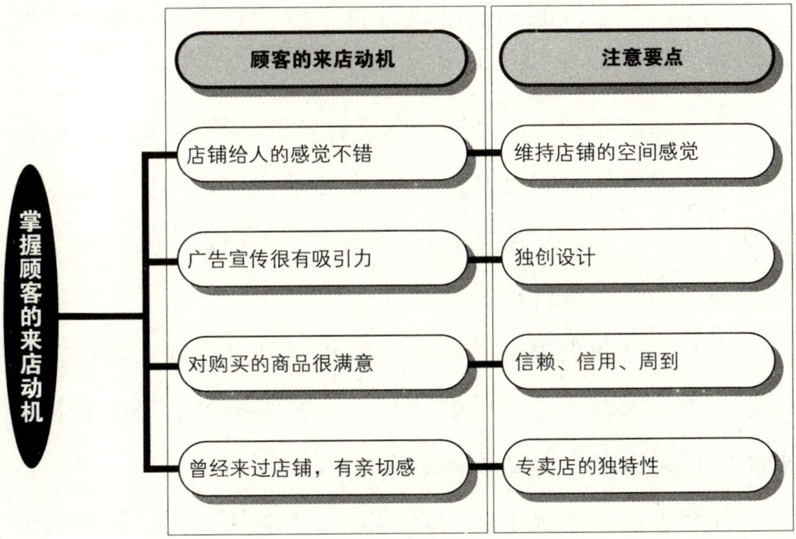

同样，顾客也会在了解店铺特点的基础上选择适合自己当前购物动机的店铺。为了能够让顾客持续光顾自家店铺，我们应当持续将自己的产品信息传达给顾客。

通过提高商品的附加值促进顾客来店

具体应该如何实施？答案是：掌控店铺的顾客忠诚度，并适当提高。在能够提供高附加值商品的店铺中，顾客在几家商店中不知不觉购物的概率相对更高，这也意味着顾客更喜欢能够提供高附加值商品的店铺。

为了提高店铺的顾客忠诚度，店铺首先必须拥有精准的目标顾客。在此基础上掌握顾客的消费动机，并且满足这些消费动机。

下文将一般性的消费动机进行了概括，并就店铺应当如何应对进行了总结（图表2）。

①打造店铺独有的空间，创造独特的购物氛围。

②让顾客第一眼就从广告宣传与销售促销品中认出自家店铺的风格，提高对于店铺的好感度。店铺在广告宣传和促销品等方面需要进行特别设计。

当然，这两点也是提高顾客购买商品之后满意度的重要因素。重视顾客直接接触的商品、待客服务等卖场中的相关要素，也会进一步提高顾客的信赖度。

③努力让第一次来店的顾客之后还能第二次、第三次光临。店铺要为实现此目标而不断努力。对顾客而言，有一定

图表2　店铺的应对策略

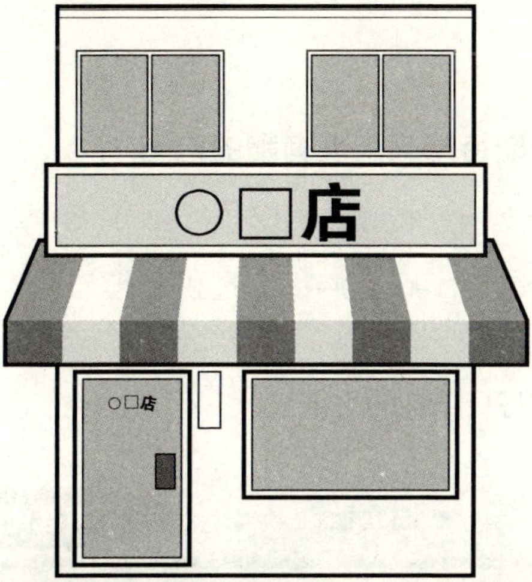

打造有个性的“待客卖场”

特性和专业性的店铺，更让人有一探究竟的魅力。

综上所述，打造卖场的基本方法是：不只满足顾客的基本需求，还能通过打造卖场向顾客提供建议。

02 有趣的购物与无趣的购物

通过提高期待感来实现有趣的购物

购物分为充满期待感的购物与日常性购物。这两种购物形式的平衡度决定了顾客购物的过程有趣与否（图表3）。

图表3　期待感与日常性的平衡

没有期待感的日常性购物就是无趣的购物。期待感与日常性购物并存的是有趣与无趣共存的普通购物。而期待感更强，日常性相对较弱的购物是有趣的购物。

一般情况下，日常性越强的购物越容易成为无趣的购物。所谓日常性购物是指义务性的、每天重复的、没有期待性的购物。

但是，决定购物是否有趣的重要因素并不是日常性的强弱，而是购物时期待感的强弱。即使是日常性的购物，只要购物前充满期待感，就会变成有趣的购物。

换句话说，顾客购买频率越高的卖场，越有必要精心打造。

如何打造日常商品卖场

充满购物乐趣的卖场具备以下五个要素：

①卖场富有变化，让顾客有眼前一亮的感觉；

②陈列非日常性的商品；

③顾客来店能得到切实的促销优惠；

④展示充满话题性与新闻性的商品；

⑤卖场开展活动。

有一定日常性购物性质的卖场应当从上述五个要素入手精心打造。

图表 4 是期待感与打造卖场的关系，显示了顾客到访卖场的期待感与从卖场最终得到的效果。

打造卖场时需要注意避免成为无趣的卖场。更重要的一点是让顾客充满期待地来购物，而且能够让其满意而归。如果顾客的购物欲望没有得到满足，那么期待感越强，不满反而会越多。

图表4　期待感与打造卖场的关系

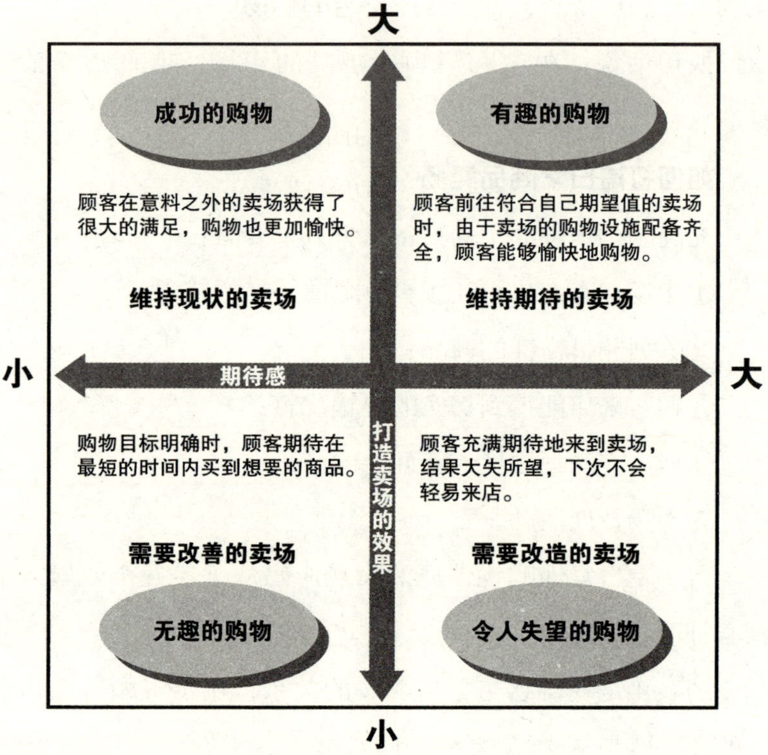

03 打造能够打动顾客五种感官的卖场

即使卖场中富含质量优异的商品，只要顾客没有感受到，就不会花钱购买。为了让顾客切实感受到商品的优异，店铺应当着力打造能够打动顾客五种感官的卖场以及商品陈列（图表 5）。

首先是视觉吸引

从五种感官出发吸引顾客是指从视觉、听觉、嗅觉、味觉、触觉这五个方面引发顾客的购物欲望，其中最重要的是视觉吸引。因为视觉的吸引力最强，卖场应当以视觉吸引为中心，按照不同的商品种类从感官上吸引顾客。

图表 6 显示了根据不同商品，从五种感官入手吸引顾客的优先顺序。

因为从五种感官出发吸引顾客这一措施在不同的卖场打造中的侧重点各不相同，所以卖场需要在掌握其特性的基础上进行活用。

①视觉吸引

顾客看到了某些商品，却并没有留意，此时卖场应当在让顾客关注商品上下功夫。

②听觉吸引

卖场应当努力让顾客感知到一些“看不见的东西”。利

图表5　顾客的五种感观

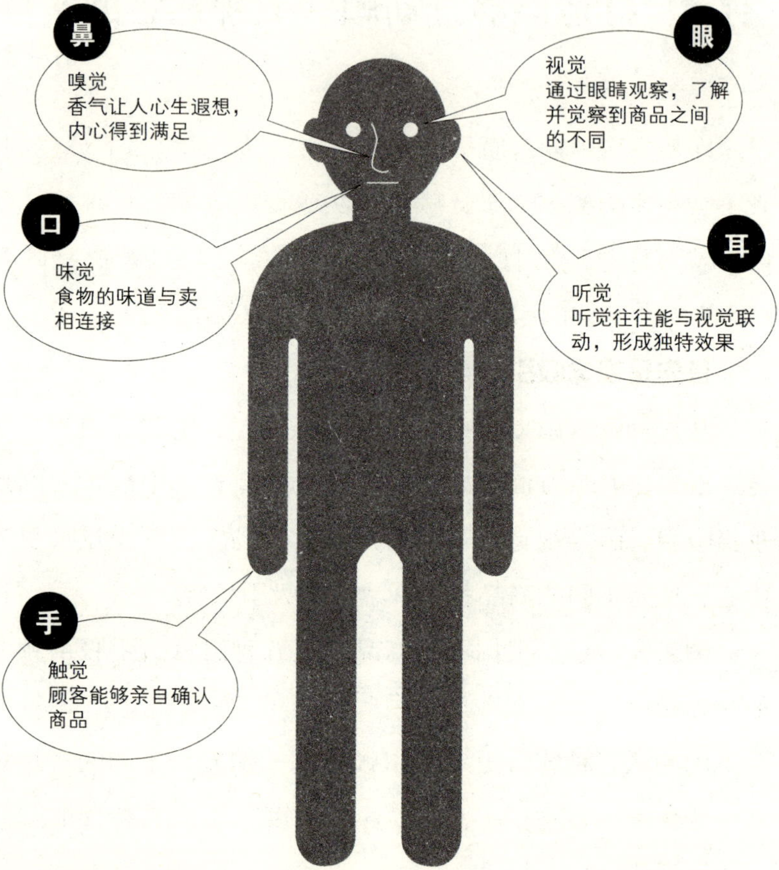

图表6　根据不同商品，从五种感官入手吸引顾客的优先顺序

	眼	耳	鼻	手	口
服装	1	4	3	2	5
首饰	1	3	4	2	5
点心	1	5	3	4	2
超市的副食	1	5	3	4	2
家电制品	1	3	5	2	4

用视频、POP、广告板以及陈列等多种视觉吸引方式能够强化商品陈列效果，达到吸引顾客的目的。

密切连接嗅觉与其他感觉

③嗅觉吸引

香味能够让人内心得到满足，从而使人心生遐想。但是顾客对于卖场或者商品陈列有自己的喜好，这一点也需要注意。例如，对食物的香味，以及香水、化妆品等香气，不同的顾客有不同的喜好。

④味觉吸引

在打造食品卖场时，要加强味觉吸引与视觉吸引的统一性。“看起来味道应该很美味”——食品的新鲜度能够激发顾客仔细品尝的冲动。

⑤触觉吸引

所谓触觉吸引，就是让顾客能够亲自确认商品。打造卖场时应当着力布置让顾客伸手容易触碰到的陈列。如果顾客不能亲自确认商品，他们想要购买此商品的欲望就会下降。

04 让自家店铺的门面明亮又充满朝气

顾客大都喜欢店铺门面明亮又充满朝气，因为这给人一种亲切的感觉（图表7）。

店铺通过出入都很方便这一特点吸引顾客

首先，店铺入口很宽敞就意味着很方便顾客进入。特别是第一次光临的店铺，如果从外观看起来很方便出入，就能吸引顾客来店。相反，入口相对狭窄或者有厚重感的门面通常给人一种传统或高级的感觉，这样的店铺往往会将特定的顾客作为自己的目标群体。

其次，门面应设置成圆形，或者人群能够自然流动起来的形状。应尽量避免不自然的、有违和感的、突出的、尖锐的、凹凸不平的、遮挡视线的形状；避免脏污的、破损的、入口摆放杂乱无章的状态。如果想特意利用这样的状态达到富有冲击力的效果，那么店铺必须重视设计的样式。

简明的门面

明亮的门面很容易让顾客产生好感。门面的明亮不仅指照明，通过颜色以及设计的运用吸引顾客也很重要。

店铺应当从多方面入手使顾客体会到店铺的整洁，并且对店铺怀有亲切感。

图表7　让店铺明亮又充满朝气

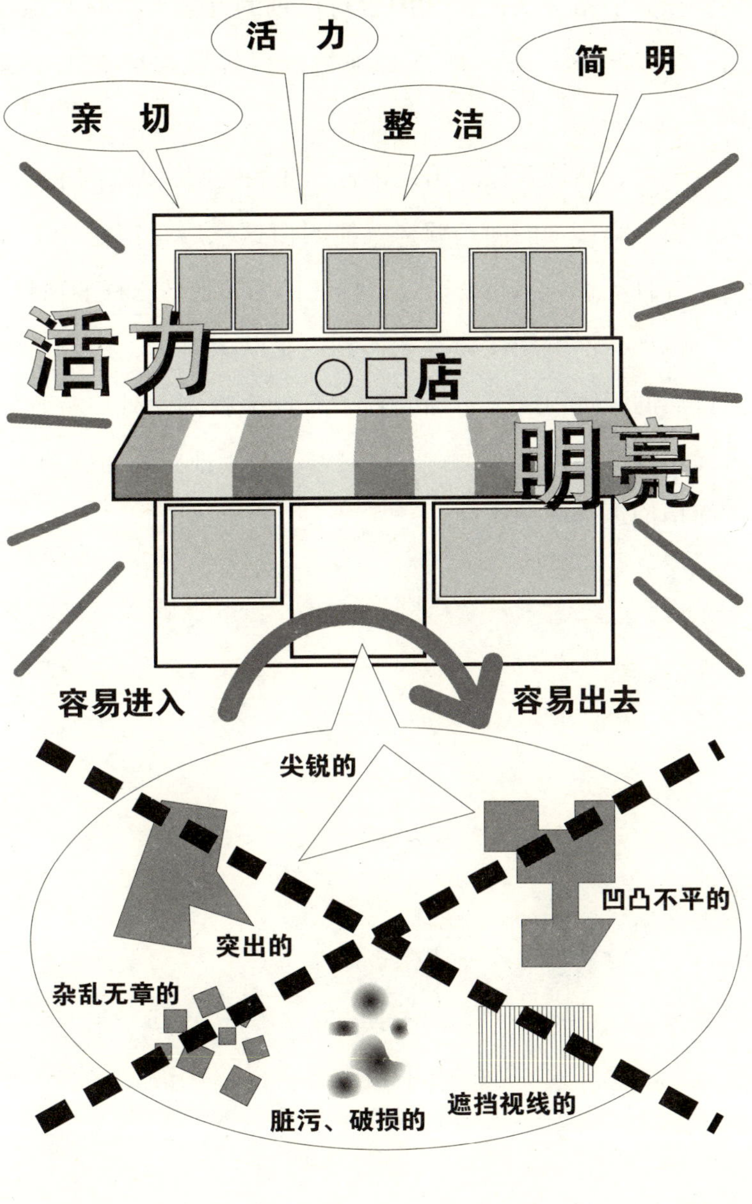

这里所说的整洁，不仅包括扫除，还包括让顾客感觉到店铺内部清新，从而提高顾客对店铺的好感度。而要想打造富有亲切感的门面，店铺必须掌握目标顾客群对于店铺的印象。

最后，店铺要设计出让顾客易懂的门面，即简明的门面。只要看一眼店铺门面，顾客就能明白这家店是销售什么商品的，并且了解店铺想要通过这样的门面传达什么样的信息。

例如，不单能让顾客意识到这是一家鞋店，还能让顾客通过店面了解到这家店铺的鞋子有什么特别之处。有时候顾客会因为从店铺门面上看不出这家店是干什么的而感到害怕，进而拒绝走进这家店铺。

05 打造可视化卖场

掌握目标顾客群的生活方式

所谓打造卖场，就是要在顾客看不见的地方上下功夫，打造可视化卖场。“看不见的地方”是指为打造看得见的卖场而进行的企划、策划等活动。在企划阶段，店铺首先必须掌握目标顾客群的生活方式。

自家店铺的目标顾客群到底是什么人，他们的生活方式是什么？首先必须明确这一方向性的问题。如果忽视这一点，即使卖场建成最终也会因为目标不明确而失败。就像没有打好地基的房子一样，虽然外观上看是房子的形状，但是最终还是会崩塌。

为了切实打造可视化卖场，需要注意以下三点（图表8）。

①明确目标顾客群

重要的是在明确目标顾客群后不能轻易更改。如果中途产生动摇，将自己的目标顾客群盲目扩大，将会使店铺的目标顾客群模糊不清，明确的顾客生活方式随之产生动摇，最终陷入混乱。目标顾客群并不是由年龄差别决定的，而是由生活方式决定的。

此外，卖场应当基于生活方式的不同陈列深度挖掘的商

图表8　打造可视化卖场

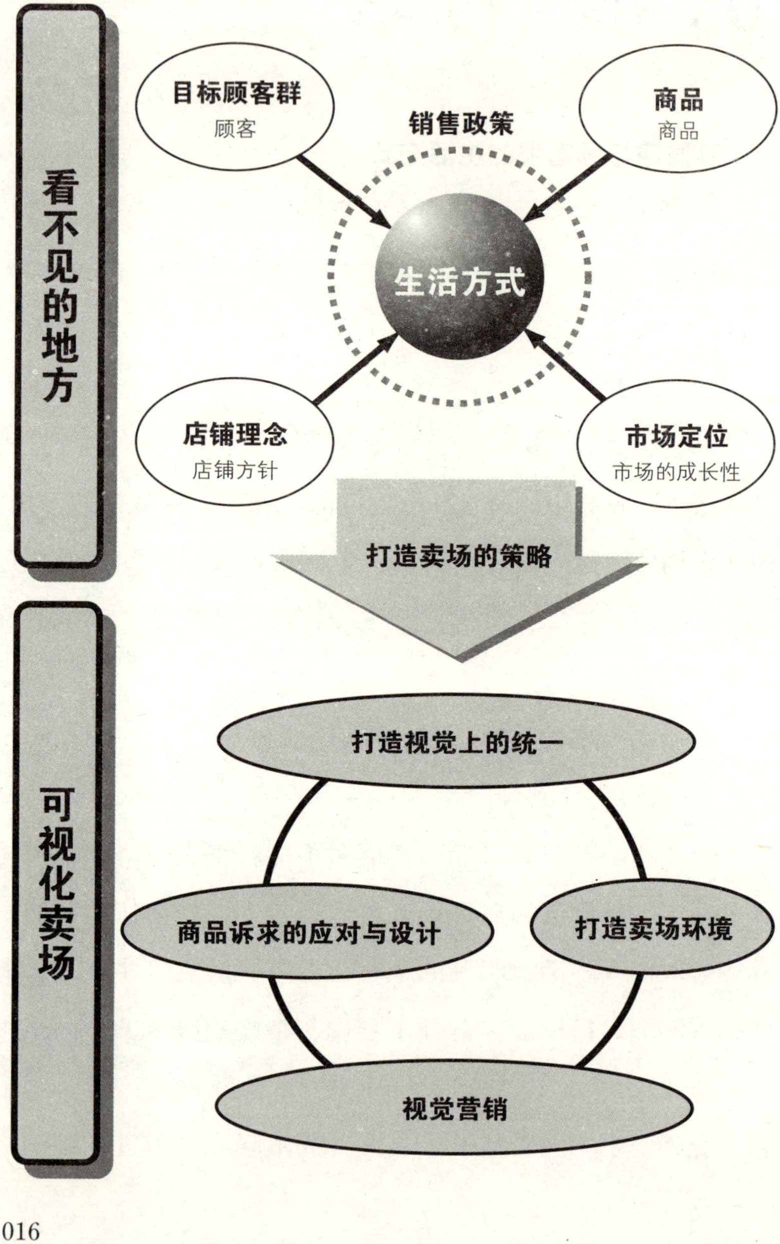
看不见的地方
目标顾客群
顾客
商品
商品
销售政策
生活方式
店铺理念
店铺方针
市场定位
市场的成长性
打造卖场的策略
可视化卖场
打造视觉上的统一
商品诉求的应对与设计
打造卖场环境
视觉营销

品。所谓深度挖掘的商品，就是具有特性的商品。

②弄清自家店铺的市场定位

不应从市场经营策略的观点出发，而应从市场需求的观点出发打造卖场。

③确定店铺方针后，将这一方针转换成可视化的策略，也就是转换为店铺理念。

综上所述，越在可视化上下功夫，店铺打造得就越出色。

打造视觉上的统一

所谓可视化卖场，是指能够让顾客在视觉上感觉统一的卖场。卖场的企划、策划必须统一起来，否则就会杂乱无章。在意识到卖场视觉吸引的必要性后，要在设计上保持视觉上的统一。

06 如何打造卖场

卖场由购物场所与展示场所构成。购物场所是为顾客实现购买而建立的场所，展示场所是以展示商品为目的的场所。打造卖场时要在购物场所与展示场所两方面取得张弛有度的平衡（图表9）。

在购物场中加入搜索的乐趣

购物场所承担着“探索场所”与“陈列场所”的职责。所谓探索场所，是指顾客能够搜索商品的场所。如果顾客能够发现搜索的乐趣，那么购买的热情也会高涨。

换句话说，有必要采用以下措施打造卖场。

①商品有量感；

②便于顾客搜索；

③卖场中有不易被打扰、容易驻足的空间。

打造卖场时，如果能够制造出几个容易让顾客驻足的地点，那么这样的卖场打造就是成功的。

陈列场所指的是商品陈列的场所，而陈列的目的实际上是制造出探索场所。

不同的商品陈列会让顾客感觉到商品的变化，从而唤起顾客的购买欲望——也许自己有什么想要买的东西。

图表9　打造卖场环境

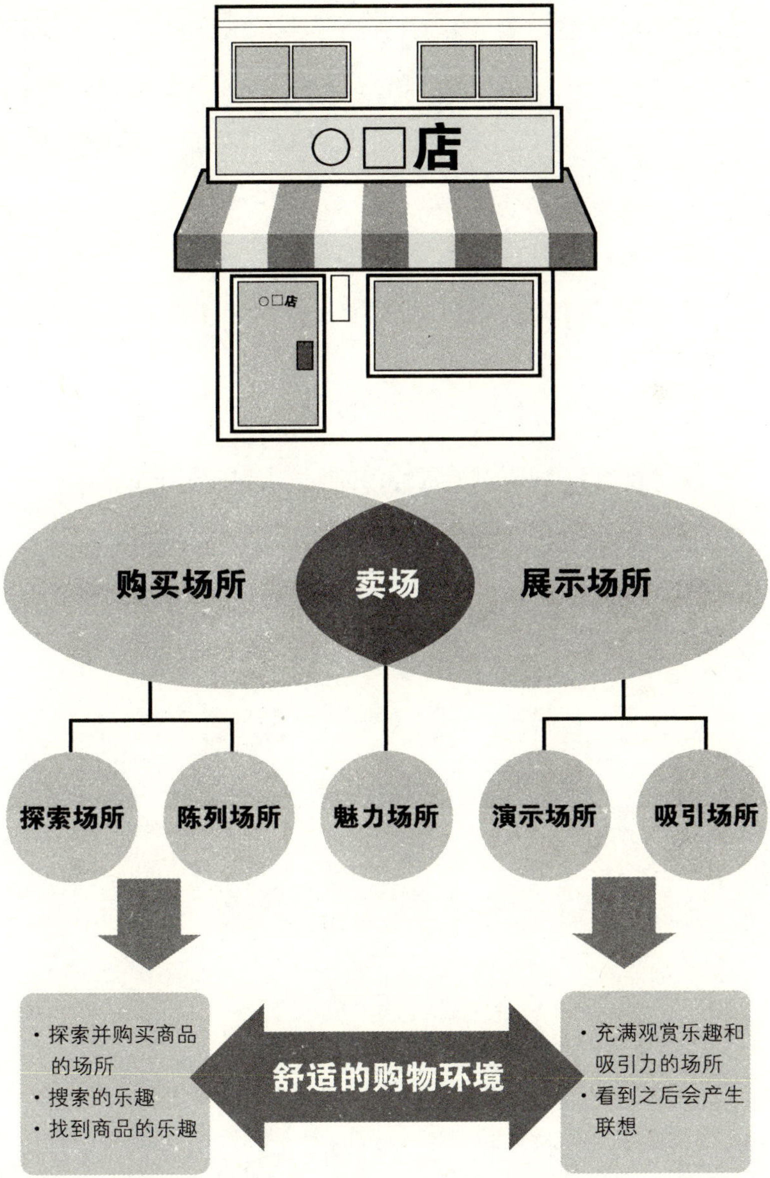
○□店
○□店
购买场所
卖场
展示场所
探索场所
陈列场所
魅力场所
演示场所
吸引场所
·探索并购买商品的场所
·搜索的乐趣
·找到商品的乐趣
舒适的购物环境
·充满观赏乐趣和吸引力的场所
·看到之后会产生联想

展现商品的魅力、吸引顾客至卖场

展示场所承担着“演示场所”与“吸引场所”的职责。演示场所的作用是将店铺想要展示的东西、希望引起顾客注意的东西展示出来。单纯通过商品展示达不到理想的效果。建议卖场进行如下陈列：

①策划让顾客感到有魅力的陈列；

②卖场的陈列要做到：顾客一看到展示的商品就很感兴趣，并且认可商品的价值；

③让顾客有新发现、产生兴趣的陈列；

④让顾客想起之前忘记的事情，并引起遐想的陈列。

吸引场所的作用是在顾客观看了卖场展示之后，吸引顾客到购买场所。此时，卖场需要注意展示场所与购买场所的联动。

07 提高卖场的效用度

为实现目标效果

能够实现目标效果的卖场是效用度高的卖场，不能实现目标效果的卖场是效用度低的卖场。无计划性的卖场中的商品展示不仅单调，而且毫无吸引力，最终只会造成损失。

为了提高卖场的效用度，最重要的就是去除使卖场效用度降低的三大因素（图表 10）。

①商品

店铺的理念与当前的商品之间是否存在偏差？例如，商品展示的意图不明确、一味追求销量的不合理展示、商品与店铺的形象不相称、没有主推商品等。

②卖场

店铺理念与卖场环境是否存在偏差？例如，商品陈列混乱、卖场设计没有捕捉到顾客的行动路线、器物与照明不平衡、打造卖场环境时没有注意与店铺理念保持统一等。

③销售

店铺理念与店铺现状是否存在偏差？计划模糊，卖场打造不出来；店铺人员的分配不合理，导致在待客上出现问题；服务人员没有掌握基本的商品知识等。

图表10　提高卖场的效用度

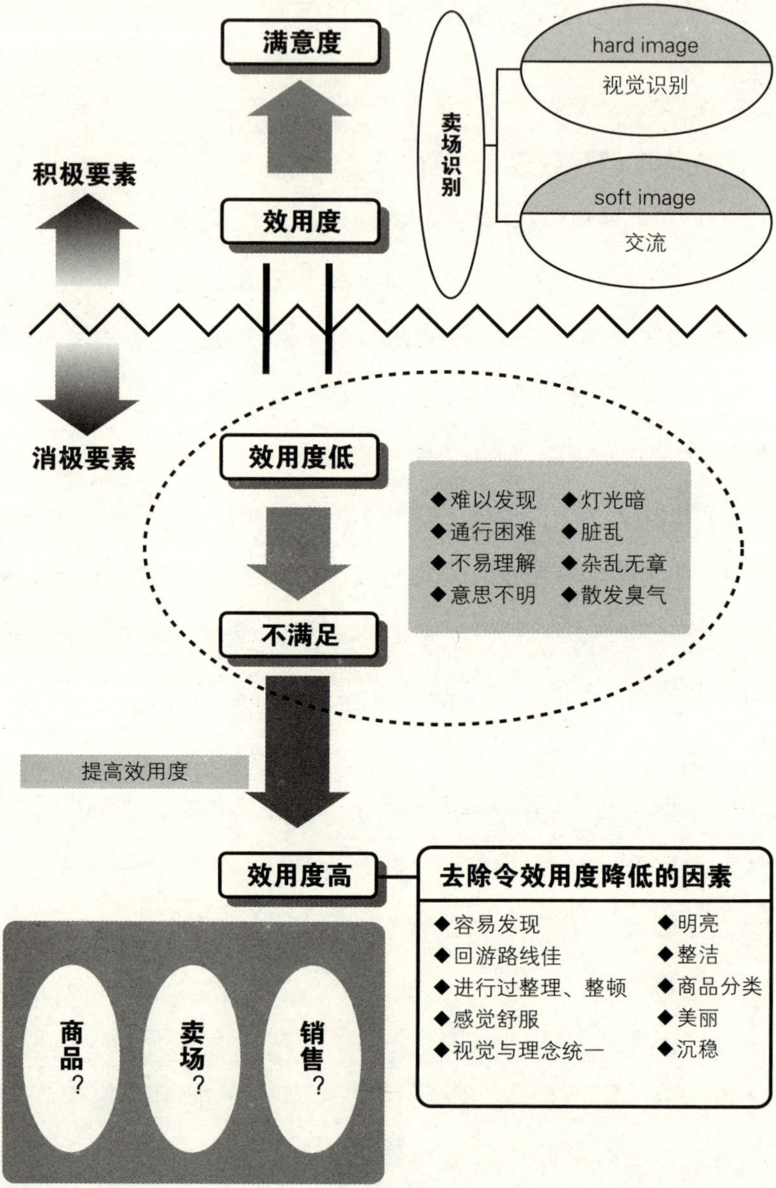

自我诊断的方法

下文将针对店铺、卖场自我诊断的方法进行说明。

首先，店铺要认真思考目前卖场效用度差的重要原因，并且详细记录下来。当然，此时需要记录的是与打造卖场相关的要素。其次，为了将这些已经列出的要素变成能够提高卖场效用度的要素，要认真思考为什么这些要素会成为阻碍因素，并且找到转化这些要素的方法。此时，需要同时明确关联要素以及所需的具体费用。

可将上述要素分为：马上可以解决的要素、一周之内能够改变的要素、一个月之内能够解决的要素和需要花费一些时间与费用才能解决的要素。

效用度高的卖场很容易让人感觉到店铺的统一理念，同时也会在很大程度上提高顾客的满意度。

08 提高顾客回游率的重点是通风

提高顾客回游率就能提高卖场营业额

顾客回游率越高，卖场打造得就越成功，卖场的效率就会越高，营业额也会随之上升。回游率高本身就表示顾客对此卖场感兴趣。

像因有大量墙壁不通风、死胡同挡风、进深很深这样通风不畅的卖场，因为顾客在行动的过程中总是被迫停下，所以顾客都会认为这样的卖场很难行动，最终敬而远之。

顾客容易进入就意味着顾客从店铺出去也很方便。因此，店铺应当注意打造方便顾客出入、通风良好的卖场。

风的流动方向实际上就是顾客的行动路线。

如图表 11 所示，通风设计不合理的卖场中挡风的地方随处可见。卖场中如果有很多这样挡风的地方，顾客就会拒绝往不通风的地方走，就会在半途返回；有的顾客甚至一开始就不会进入这样的卖场（卖场人为制造的顾客停留场所另当别论）。

如果大量顾客都不踏足卖场的深处，那么毫无疑问卖场的效率会很低。

店铺如何制造顾客回游

图表 11 的最下方是充分考虑风的流向，充分提高顾客回

图表11 店铺的通风设计

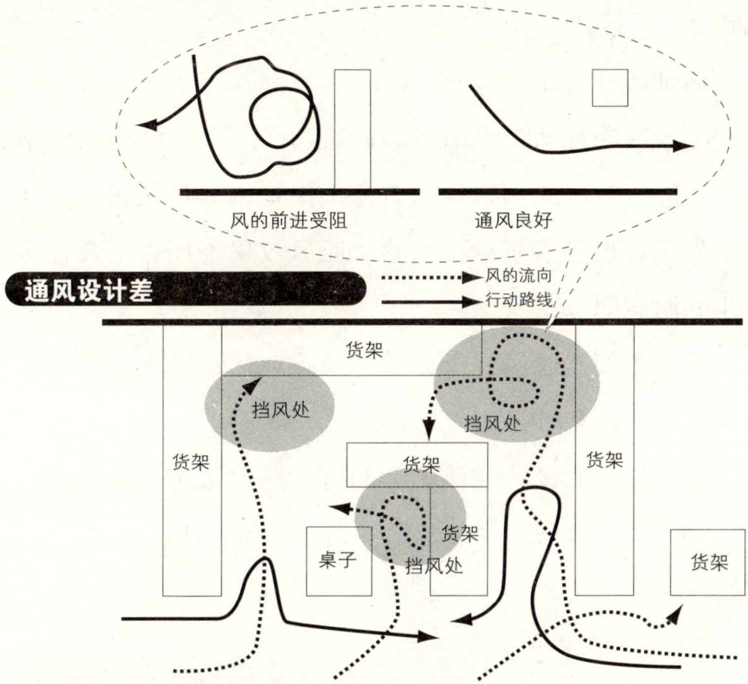

卖场通风差空气就流动不起来。这样会给顾客留下不好的印象，令顾客不愿意驻足。

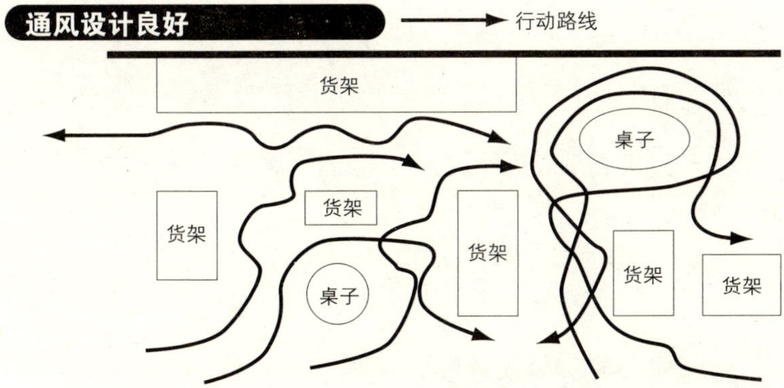

卖场通风良好，顾客回游率相应地就会提高。这样不仅会让顾客出入自由，还会令顾客在卖场中能够安心放慢脚步。最终，顾客的停留率也会相应提高。

游率的设计。通路设定没有通风死角，让顾客很容易进入店铺。

店铺还需要注意以下几点：

①顾客的行动路线由店铺设定。回游率是经由店铺事先设计好的。是否便于顾客回游，不仅是由通风决定的，店铺的事先设计也必不可少。当然，通风效果不佳也不会让顾客产生回游意愿。

②为了便于通风，设计很容易碎片化，最终让店铺陈列缺少量感。企划时必须考虑解决这一问题。

通风良好的设计能让顾客的行动路线通畅、无阻碍。这样店铺才能提高顾客的回游率，大幅提高店铺效率。

09 增加空间死角的趣味性

有效活用空间死角

卖场中经常会出现空间死角。能否活用这些空间死角决定了卖场效率的高低。

卖场中容易产生空间死角的是以下的场所与空间。

①柱子的背面、大型物体的后面、物体下面、物体背面等看不见或不容易看见的场所；

②由于陈列工具设计的关系形成的不规则空间、卖场的四角等缝隙；

③过于狭长的通路、横向或者纵向过长的墙壁、进深过深的卖场等狭长的通路、场所。

为了能够活用这样的场所与空间，卖场必须以增加空间死角的趣味性为目标不断努力。

增加空间死角的趣味性

①引人注目

利用这些场所进行季节陈列、信息建议和商品展示。

②打造有魅力的卖场

展示对顾客而言富有吸引力的商品。例如：贵重商品、富有话题性与新闻性的商品、具有视觉冲击性的商品、季节性强的商品。

③打造让人印象深刻的卖场

可以将这些场所活用为提高店铺品牌力的场所。例如，进行图形化展示、海报张贴、影像控制器设置、店铺商标设计以及主体颜色的展示。

④设置试用、试吃、试玩柜台

可以作为顾客试听、试吃、试饮、试穿等场所。

如果卖场事先没有经过设计，那么就如图表12所示，很容易在卖场内产生空间死角。不仅是卖场角落、柜台尽头，很多意想不到的场所都容易产生空间死角。

即使卖场内部已经有了空间死角，也应当努力寻找将这样的地方变成能够让顾客乐在其中的方法。图表12所示就是店铺活用空间死角的例子。

增加卖场空间死角的趣味性能够提高店铺内的顾客回游率，让顾客感觉整个卖场都充满乐趣。

图表12　卖场内可能成为空间死角的地方

阴影处为空间死角

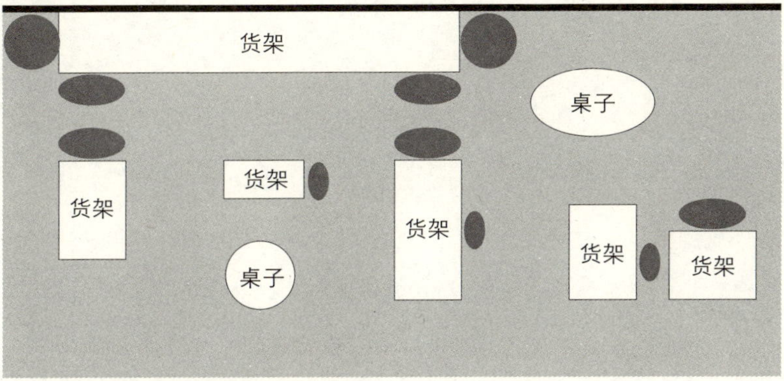

卖场内可能成为空间死角的地方有很多

活用书店的空间死角，打造为书店加咖啡店这样的复合商店。组合比例合理，并且效果显著。

为了将顾客吸引到卖场深处的展示台。在打造中心卖场时充分利用了空间死角，将其设计成无缝隙展示空间。

第 2 章

打造卖场时有效利用商品陈列的方法

10 顾客眼中的商品陈列

对于已经进店的顾客，卖场需要判断顾客是有明确的购物目的，还是下意识地进店闲逛，这样卖场的打造方式也会随之变化（图表 13）。

购买目的明确时的卖场打造方法

当店铺销售的主要是购买频率高、目的性强的商品时，顾客的购物时间相对较短，此时店铺需要做到以下几点：

①易于找到商品。自己需要的商品，哪些有，哪些没有，一目了然。

②商品有量感。能在短时间内进行比较与选择，给顾客带来满足感。

③制造一定的节奏感。节奏一致的陈列具有规律性，让人便于发现。

④多用正面陈列。将商品正面上更多的信息陈列出来，便于消费者理解商品的内容，在短时间内做出决定。

⑤设计卖场时要根据商品种类的大分类进行陈列。大类商品关联陈列能够产生厚重感，也便于顾客比较并购买关联商品。

图表13　从销售体制与购买频率的关系来看卖场打造

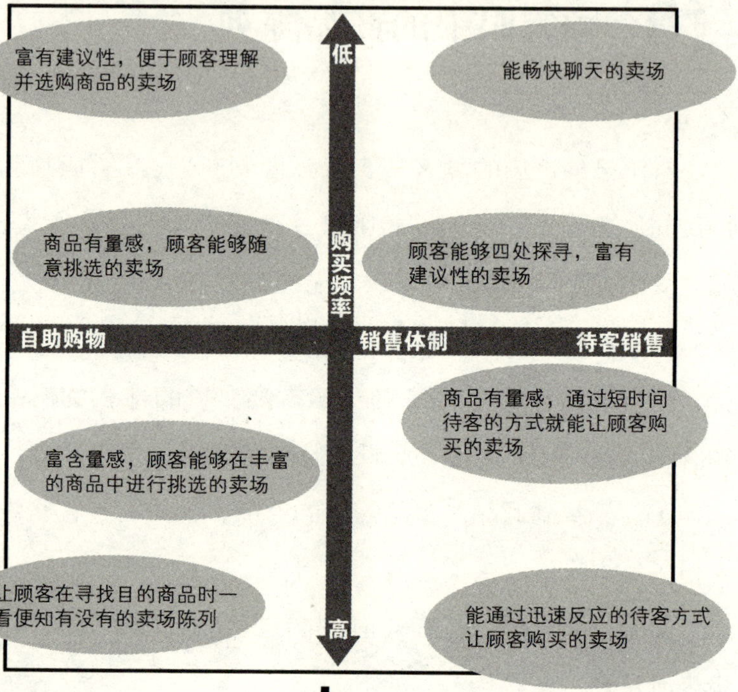

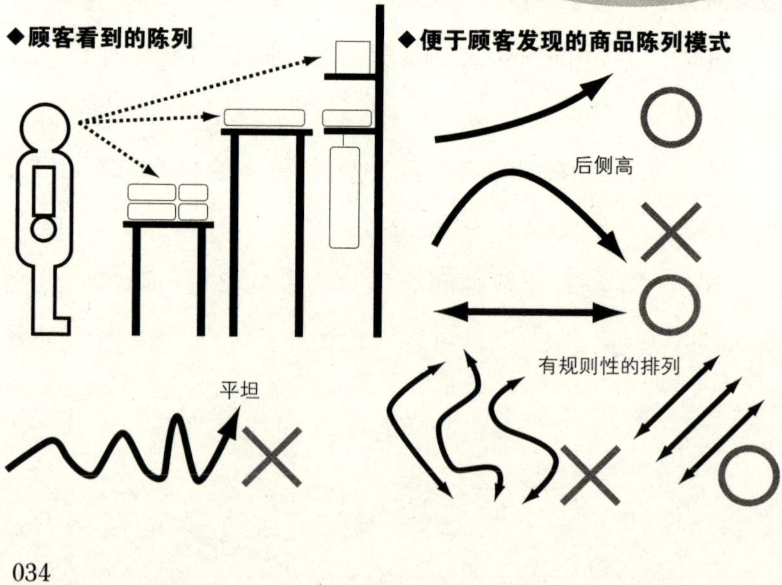

针对下意识进店的顾客，卖场要营造适度的刺激以及舒适感

卖场是否能在某一方面满足顾客的喜好？顾客对店铺的印象是否良好？顾客下意识进店时都会根据自己的喜好来决定是否购买。

与短时间购物不同，此时的卖场应该这样打造：富于刺激；能让顾客感到开心、舒适；能让顾客得到实惠。

①购物环境便于顾客充分挑选、开心聊天。此时，能在购买之前充分选择，让人感觉内心平静的空间非常必要。

②打造能传达商品价值观的卖场。针对每一件商品提出自己的建议，以此来传达商品的价值。

③进行富含建议性质的陈列。向顾客提供某种建议也是提高商品价值的方式。

④严选商品的展示能够提高卖场的品质。有价值的商品展示在有品质的卖场内会事半功倍。

顾客会通过判断店铺是否便于购买，购买环境是否舒适来最终决定购买与否。

11 根据不同年龄段打造卖场环境

不同年龄段的人，其购买需求与购买动机也各不相同。因此，卖场环境以及提供商品的方法也必须契合目标顾客群的不同年龄段的需求（图表 14）。

面向 10 岁左右顾客的卖场环境

一方面，出于少子化现状，单个孩子的经济支出正在逐渐增大。打造卖场时需要考虑到此类消费者对于高额商品的需求。另一方面，卖场内应当便于顾客轻松购买。特色鲜明的商品需要单独陈列，除此之外的商品可以在进行明确分类后统一陈列。

面向 20 岁左右顾客的卖场环境

20 岁左右的顾客通常有多个购物动机，同时也发挥着流行趋势领导者的作用。因为他们大都会出于个人感觉或者氛围而产生购买欲望，因此卖场应当打造这样的购物环境：商品更换速度快且张弛有度，富有新鲜感。

面向 30 岁左右顾客的卖场环境

30 岁左右的顾客在购物时富有计划性，他们的自我意识高，购买动机也相对理性。因此在面对这样的目标顾客群时，卖场应当打造拥有明确的品牌意识、高品质的购物环境。

图表14　根据不同年龄段打造卖场环境

	购物动机、印象	卖场打造、商品陈列要点
60岁及以上	理性、保守、成熟、年轻、健康、安心、安全、时间型消费、自尊心	打造出成人的时尚感。因为个人购物志向明确，所以卖场应当配备沉静的、独立的个人空间。
50岁左右	理性、保守、社会地位已确立、阶层、兴趣娱乐型消费、活动性	进行自我主体性强的商品陈列。目标的明确化是选择店铺的条件。精心打造的卖场空间与陈列。
40岁左右	经济、理性、活动性、自我中心、计划性、感觉型消费、固定的品牌意识	不喜保守，富有革新性。追求成人的时尚感。爱好广泛，感情丰富。店铺应当营造舒适的卖场空间。
30岁左右	计划性、自我主张、社会性、活动性、角色提升、个性、合理性、品牌型消费	计划性购买、充当时尚先锋。店铺应打造出时髦的感觉。
20岁左右	团体购物、感性、保守、冲动、日常生活中好打扮	根据同伴的意见行动、追求新感觉。因为购买频率高，所以店铺应当营造时常有新产品上架的卖场环境。
10岁左右	以母亲为主体、动画角色、偶像、模仿、团队意识的萌芽、冲动性	打造富有个性、商品陈列量充足、明亮开放的购物环境。

面向 40 岁左右顾客的卖场环境

面向 40 岁左右的顾客时，卖场应当打造具有成人时尚感的购物环境。最基本的措施是认真陈列高品质商品。这个年龄段的顾客虽然在购物时多是计划性的，但有时也会冲动购买高品质或者自己心仪的商品。

面向 50 岁左右顾客的卖场环境

因为 50 岁左右的顾客有自己的购物主张，所以店铺在打造卖场环境、提供商品时都应当以此为基础。同时，因为此类消费者的需求呈多样化，所以店铺需要预先明确目标顾客群。卖场陈列应适当分隔开，并且进行富有建议性的展示。

面向 60 岁及以上顾客的卖场环境

60 岁及以上的顾客比较成熟，倾心于品质高的、时尚的卖场环境。关键词是年轻、健康、安心、安全。

12 根据不同商品进行简单易懂的陈列

站在顾客角度打造卖场

店铺的卖场大都会基于销售计划、营业计划进行商品陈列。

但是，大多数的店铺都是从自身角度出发进行卖场布置的，虽然有时候会意识到必须从顾客角度出发，但是真正做到的店铺屈指可数。

将店铺的计划体现在卖场布置以及陈列上，同时充分考虑顾客的视线，这样就能站在顾客的角度进行简单易懂、高效的陈列。

与顾客所站位置相符的商品陈列

所谓顾客的视线，是指顾客用眼睛观察卖场的方式。此时，顾客观察卖场的位置不同，对于卖场的印象也不同。卖场要把握这种不同，并且在打造卖场以及商品陈列的过程中活用这种不同，从而使卖场的打造事半功倍。

商品的远近不同，顾客的反应也不同（图表 15）。

①单品距离

商品呈现在顾客眼前时，顾客会产生自己的看法以及感受，对此商品的购物欲望就会极高。此时，卖场要满足顾客

图表15　不同商品距离下的顾客反应

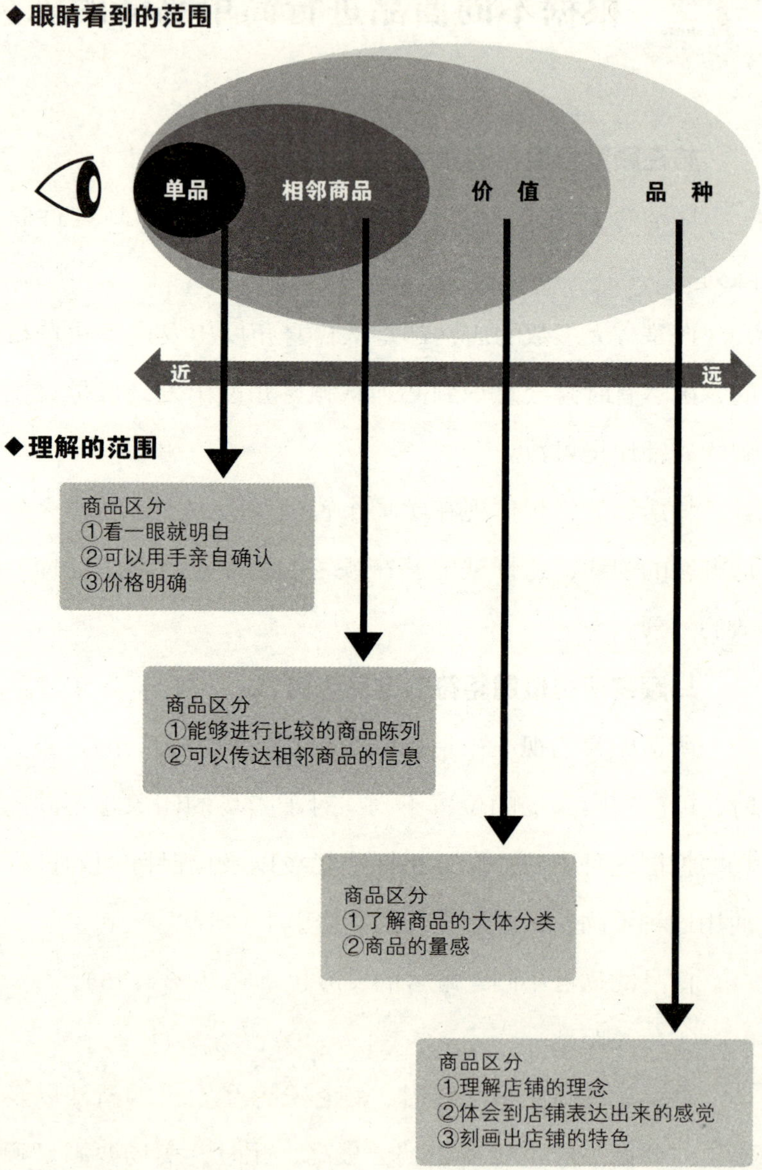

亲自确认商品的想法，确保价格标示一目了然。这是离顾客所站位置最近的距离。

②相邻商品距离

从面前单品移到旁边商品的距离。此时，为方便顾客确认店内是否有其更感兴趣的商品，卖场需要采用能够让顾客横向比较的陈列方式。其中，将同类商品共同陈列尤为必要。

③价值距离

能够让顾客明确区分是否属于同一组商品的距离感。根据不同组商品的概括方法，顾客的价值观会发生变化，同时也能够判断出这家店铺是否符合自己的需求。

④品种距离

品种距离是指店铺内全体商品的陈列距离。因为此种陈列会明确传达店铺特性，所以店铺应当采用能让顾客在环视店内时，一眼就看出店内有哪些商品，没有哪些商品的陈列方式。这是离顾客所站位置最远，能够观察到整个卖场的距离。

综上所述，顾客视线的动向与顾客的行动路线密切相关。

13 保持卖场与陈列的新鲜度

所谓卖场与陈列的新鲜度，是指商品以及卖场环境清新并且生机勃勃，能够在有魅力的陈列和卖场环境中服务顾客（图表16）。

新鲜度可以从物理层面的硬件与理念和想法的软件两方面进行把握。如果在硬件条件上打造了完美的卖场，但运营卖场的软件不匹配，那么卖场落后于时代是早晚的事。

保持陈列新鲜度的两个方法

为了保持陈列的新鲜度，卖场在硬件方面需要做到以下两点。

①陈列状态持续呈现出生机勃勃的新鲜感

· 通过频繁变更陈列位置保持陈列状态的变化；

· 通过商品陈列工具的更换，让顾客看到卖场的改变；

· 利用陈列变化，带来集中注意的焦点；

· 尝试更改陈列方法。

②通过投入新商品保持陈列的变化

· 通过投入引人注目的商品，塑造卖场角落等场所的新鲜感；

· 通过 POP 等凸显重点，让陈列活跃起来；

图表16 卖场与陈列的新鲜度

为了打造出新鲜、清新的感觉，要统一打造商品、陈列工具、整洁的环境。

通过陈列的展示方法给予顾客视觉冲击，传达出商品的优异特性。

◆卖场的卫生检查要点

- **地板** 垃圾、灰尘、脏污、剥落、凹凸不平
- **陈列工具** 灰尘、脏污、剥落、生锈、破损
- **商品** 灰尘、脏污、破损、搁置、脱色
- **照明设备** 灰尘、脏污、生锈、破损
- **墙壁及柱子** 灰尘、脏污、剥落、凹凸不平、破损
- **POP** 灰尘、脏污、剥落、凹凸不平、卷曲

·通过提供关联商品，进行具有视觉冲击性的陈列。

保持卖场新鲜度的两个方法

店铺想要保持卖场的新鲜度，需要从软件方面出发。

①保持卖场清洁，带给顾客明亮的感觉

·彻底打扫卖场卫生，给顾客留下店铺整洁干净的印象，参照图表16。

②卖场内打造出张弛有度的愉快空间

·在展示场所、购买场所，采用能够提高顾客回游率的设计方案；

·在进行商品陈列时，通过颜色区域控制打造明亮的卖场空间；

·通过控制灯光提高卖场空间的好感度；

·利用背景音乐满足顾客的听觉需求。

14 根据不同种类的陈列改变卖场印象

店铺中既有简单易懂的陈列、看起来爽快的陈列，也有看起来杂乱无章、无序的陈列。店铺的陈列不同带给顾客的印象也不同。

从横断面上观察的三种陈列类型

从立体横断面上观察陈列，分为以下三种类型（图表17）。

图表17　三种陈列类型

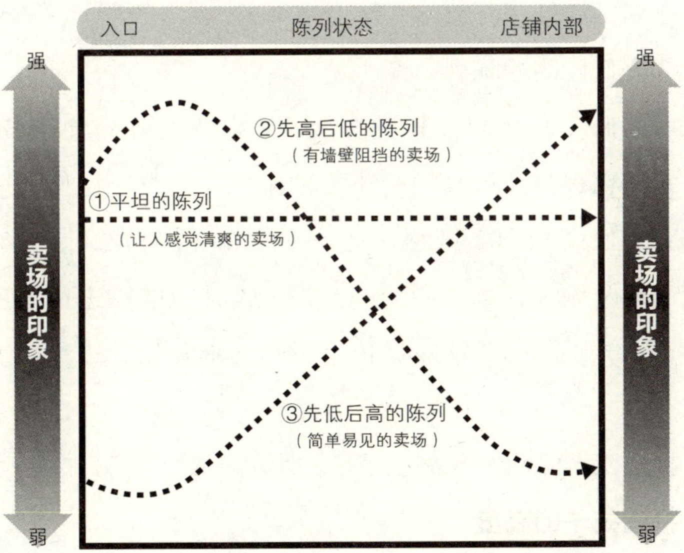

①平坦的陈列

指决定一定高度后展开的陈列。因为卖场内部高度统一，因此商品富有规律性，便于顾客发现，这是基本的陈列类型。

但是由于陈列状态过于平坦，缺乏变化，因此很容易变成没有节奏感的卖场。这类卖场要根据高度的基准来决定哪些东西放在什么位置，以此来改变卖场的陈列。

②先高后低的陈列

指面前的陈列较高，越往店铺内部走陈列越低的类型。受卖场地况所限，这种陈列有前面不能充分展开，内部不能充分利用的缺点，因此卖场的有效利用率会随之降低。而且，面前有一堵墙，对这样的店铺来说，重中之重是如何吸引顾客走进店铺深处，打造富有魅力的卖场。

③先低后高的陈列

前面低后面高的陈列类型。因为这样的陈列便于发现，所以卖场更容易开展具有吸引力的陈列。而且，这样的陈列状态容易使商品产生量感，是一种带有冲击力的陈列类型。站在通道两侧时，深处会变高，为了设计成能够进行调度的U形通道，不同的店铺应当根据不同的形象设计进行高度的调整。

打造卖场时应当掌握上述三种陈列类型，并且加以活用。

打造统一的高度

陈列中存在应当避免的陈列类型，如图表18所示。

图表18　应当避免的陈列类型

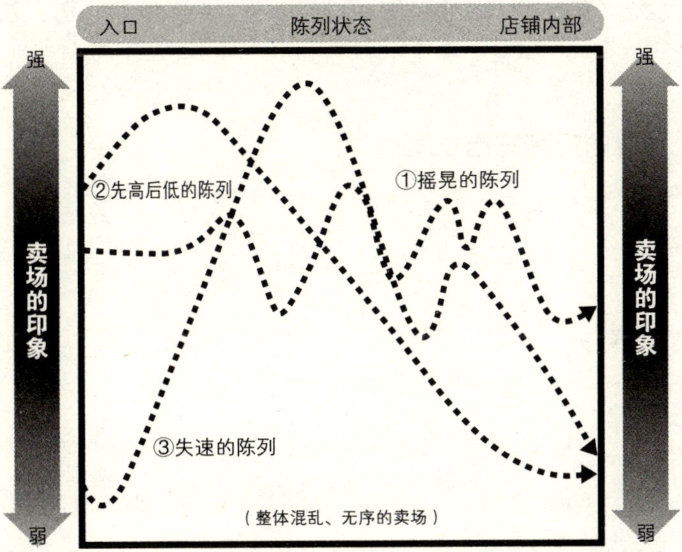

从此图可以看出：在高度不统一的陈列中很难看出变化，最终导致卖场内部陈列无序且杂乱。

15 陈列的规则

共通的规则与店长裁量

如果卖场以 7：3 或者 6：4 的比例来决定陈列规则，那么其中的 7 和 6 是规则，剩余的 3 和 4 是店长的自由裁量。

因为自由裁量的比例不同，所以各店铺才有了各自不同的个性，但同时也出现了差距。

如图表 19、图表 20 所示，作为联营商店的 A 店、B 店、C 店、D 店都是富有个性的独特的店铺，此时有好处也有坏处。虽然好坏最终是由营业额的高低来判断，但是店铺还是应当设立标准线并以此进行评价，否则很难找到问题的原因。作为判断标准的标准线就是规则。根据这条线的高低不同，卖场的质量也各不相同。

那么，店铺应当如何来确定标准线？

首先，为了使重复作业更高效，应当制定规则，确保作业流畅。

其次，在打造富于变化的卖场、新商品卖场时，应当将表现方法制成执行指南，这样才能提高效率。

再次，执行基本作业规则时，应当做到无论执行人是谁，结果都是一样。

图表19 打造卖场时应当设立标准线

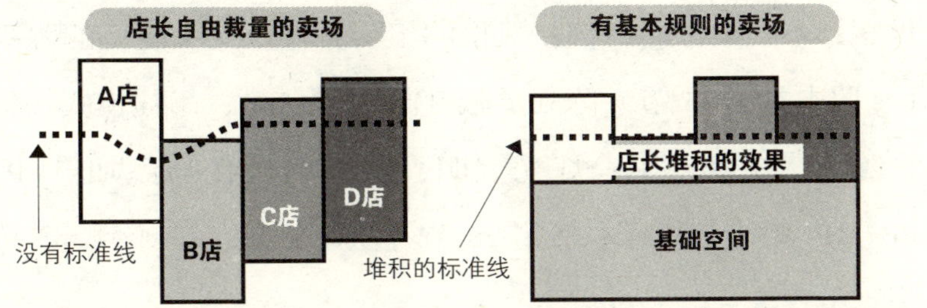

因为没有基础空间，所以陈列凹凸不平，没有陈列规则。

因为有基础空间，所以没有出现凹凸不平的现象。基础空间结合店长自由裁量的智慧有助于打造特色卖场。

图表20 基础空间

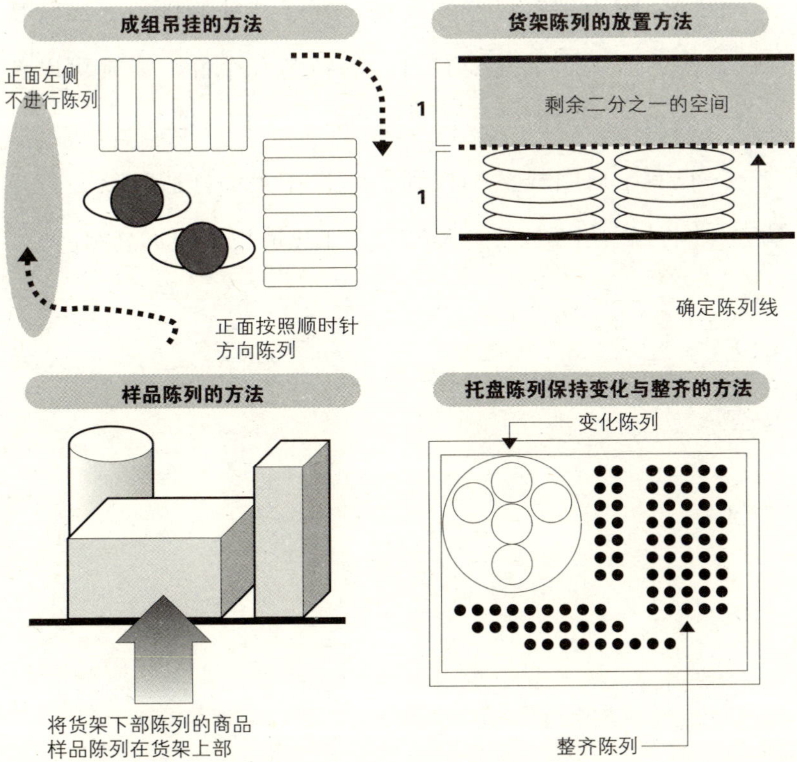

此外，能够实现商品陈列规则化的项目还有很多，例如：堆积；不同素材的组合；风格的组合；符合交叉比例的陈列（参照本书第75节“陈列贡献度高的商品”）；吊挂模式；整盒陈列；托盘搭配；灯光照明、POP的制作与添加；VP、PP、IP规则（参照本书第28节“卖场表现的三个重点”）；焦点设置等。

利用非规则化产生效果的实例

根据店长的裁量在卖场陈列中产生效果的事例也很常见。

例如：因为是有特色的卖场、处于特殊的地段、经营特殊的商品，所以店铺需要有自己的特色和个性。店铺可以在充分考虑当地的习惯等要素之后再进行卖场打造。

一旦有了自由裁量的权利，店长在卖场打造时就会肯下功夫，同时店铺内部工作人员的工作热情也会更加高涨。

16 商品两种类型的展示方法

商品的展示方法有两种类型：商品陈列与商品推荐。在打造卖场时需要根据不同的目标注意区分（图表 21）。

商品陈列

商品陈列的目的是将商品特征完整地表现出来，并且准确地传达给顾客。陈列的重点是将商品信息直接传达给顾客。

在进行商品陈列时需要注意：

· 商品表现要直接；

· 商品的特征与内容要直接传达给顾客；

· 应避免进行复杂的陈列，确保不同的人去做能达到相同的陈列效果；

· 增加陈列数量；

· 避免单调陈列。

商品推荐

商品推荐的目的是向顾客提供商品信息。例如：将新商品的特征通过陈列表现出来；就商品的使用方法及搭配组合方法提出建议等。

在确定推荐商品后，店铺需要在充分理解商品特性的基础上确认以下事项。

图表21　商品的两种推荐方法

商品的展示方法

商品陈列

完整地表现出商品的价值，传达给顾客。

购买场所

- 能够买到想要购买的商品
- 商品陈列井然有序
- 方便购买
- 看起来令人心情愉快
- 有找寻商品的乐趣

商品推荐

就商品的使用方法提出建议，传达商品的魅力及特性。

展示场所

- 以什么为主题
- 展示日期是什么时候
- 展示场所在哪里
- 展示给哪些人看
- 商品特性是什么
- 推荐方法是什么

· 展示什么？

决定表现的主题。这是商品推荐的出发点。没有主题就无所谓商品推荐。

· 什么时候展示？

店铺需要事先充分考虑商品使用的季节、时节、月份、日期、具体时间等。

· 在哪里展示？

事先设定要在卖场的什么位置进行展示。是在橱窗处，还是在店铺内部靠墙货架的上部展示？根据不同的场所，推荐内容以及方法截然不同。

· 展示给谁看？

店铺需要明确核心顾客与边缘顾客。

· 为什么要展示？

店铺要针对商品特征、推荐的主题内容提出自己的建议。

· 以什么形式展示出来？

店铺应充分考虑具体设计，设计出吸引人眼球的展示。

店铺必须将以上要点的内容明确地传达出来。

17 卖场打造不可或缺的条件

卖场打造时有四个基本条件，只有在四个条件都满足的情况下才能成为顾客喜爱的卖场（图表 22）。四个基本条件如下：

整洁

店铺仅通过整理、整顿以及卫生打扫是无法让顾客感到整洁的。店铺还可以通过商品陈列让顾客感到新鲜，通过正确的照明方式、颜色控制等让顾客感到明亮。是否整洁是顾客一走进店铺就能感觉到的，因此店铺需要从日常细微之处入手打造。

生机

富有生机的卖场内部氛围也会不同。不仅员工可以通过充满活力的声音回应顾客，顾客也可以从卖场环境中感受到生机。

相反，死气沉沉的卖场环境陈列混乱、颜色不搭、设计上存在空间死角、装饰物给人以低级感。卖场需要注意以上问题并加以改善。

便利

根据不同的业态，店铺没有必要让所有的来店顾客都感

图表22 卖场打造的四个条件

卖场打造的四个基本条件

四个基本	打造卖场的问题	核查
整　洁	是否明亮整洁？ 能否传递商品的新鲜感？ 是否进行了整理、整顿？	
生　机	是否有生机？ 能否让顾客感到新鲜？ 能否让顾客感到放松？	
便　利	是否便利？ 是否便于顾客四处选择商品？ 目标顾客群是否感到便利？	
舒　适	是否利于顾客回游？ 能否让顾客感到舒适？ 店铺是否有自己独特的氛围？	

到便利。目标顾客群认为的“便利”才是店铺的主要目标。

例如，有一家很小的时尚店铺，每去一次顾客 A 都会发现自己心仪的西装。与之相对，卖场面积很大的店铺虽然也陈列了很多品牌的西装，但顾客 A 就是找不到自己心仪的那件。也就是说，店铺提供便利的重点并不是陈列商品数量的多少，而是看是否满足目标顾客的需求，商品是否能准确传达出店铺的理念。

舒适

所谓舒适，是指让来店顾客感觉自己来到了一家认真招待自己的店铺。顾客不但能开心购物，还能对商品和服务感到满意，店铺在卖场环境以及购物环境方面都要下足功夫。

此外，店铺还要做到以下几点：将打折的相关信息传达给顾客、进行能够让顾客仔细挑选的卖场陈列、播放能让人心情放松的音乐、打造充满香气的空间环境、保持卖场的整洁明亮。

18 从点、线、面出发打造卖场

卖场实现高效利用的晴雨表是顾客的回游行动路线。店铺应当以把握回游行动路线为目标，从点、线、面出发打造卖场（图表 23）。

点：进行有魅力的推荐

“点”是指顾客感觉商品有魅力这一重点。将“流行商品”“有价格魅力的商品”“话题商品”“应季商品”在卖场门口进行展示。因为这个“点”魅力十足，因此具有吸引顾客目光，引诱顾客驻足的诱惑力。

线：设定顾客的行动路线

“线”是指顾客的行动路线。虽然是指顾客在卖场内的行动轨迹，但是顾客行动路线并不是顾客随便行动的轨迹，而是经过店铺事先设定、规划出的行动路线。

如果成功将这条“线”尽量延长，并且实现了复杂化，那么就表示卖场实现了有效利用。

理想的顾客行动路线应当是从卖场的一端到另一端，绕一大圈，有去有回的复杂线路。

顾客大都喜欢行动路线更长的店铺，不喜欢行动路线过短的店铺。

图表23　从点、线、面出发打造卖场

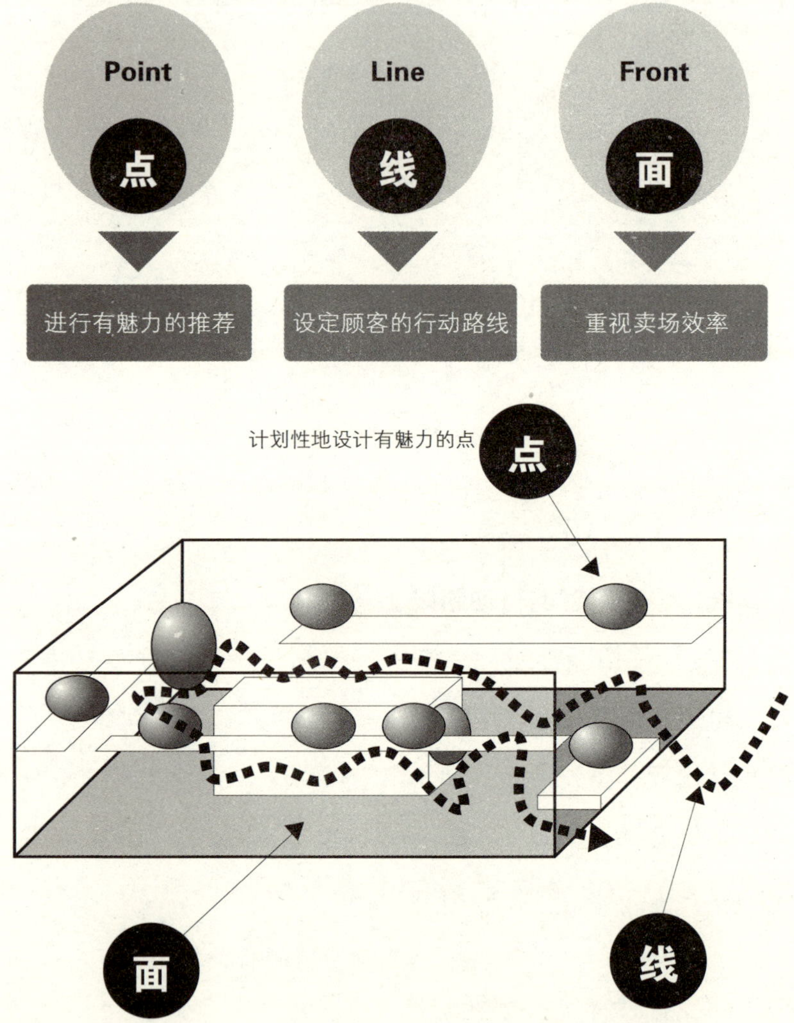

为合理延长行动路线，需要在前文提到的“点”上下功夫。重要的是在卖场内合理设计“点”，行动路线的长度与“点”的配置是密切相关的。

面：实现卖场面积的最大化利用

“面”是指卖场的面积。实现卖场面积的最大化利用是提高卖场有效利用率的要素之一。

为了提高卖场的有效利用率必须有效利用“点”与“线”。卖场的面积多种多样，但是无论何种卖场，有效利用“点”与“线”都是提高有效利用率的方法。

店铺要观察顾客的行动路线是否等同于回游行动路线，由此来判断是否实现了卖场的有效利用。回游行动路线的延长意味着顾客在店铺内的停留时间延长，与商品密切接触的时间相应增加，购买机会就会更多。

19 将购买心理与购买行动活用在打造卖场中

观察顾客的购买心理与购买行动

顾客进店后，在哪个地方停留了，拿起了哪个商品——店铺认真观察顾客从进店到购买的全过程，就能发现自家店铺内部存在哪些不足，哪些设计以及陈列在发挥作用，从而进一步发现店铺需要改善的地方。

顾客在购买商品时的行动过程如图表 24 所示。这就是购买行动。指示这种购买行动的实际上是购买心理，购买心理与购买行动是一致的。

首先，顾客进入店铺之后，就会注意到自己感兴趣的商品，而且会认真查看这个商品。此时，店铺应当抓住这一要点，将商品的特点表现出来，这相当于前文所述的“点”。

看到感兴趣的商品后，顾客会拿在手中进行确认。此时的重点从商品的展示移动到了富有量感的商品陈列上。店铺需要确认商品是否便于顾客拿到手中，有外包装的商品是否便于顾客从包装内取出。此时，店铺进行的商品陈列要彻底。

接着，顾客就开始了商品的比较。在犹豫是否购买时，顾客会思考以下问题：是否有更好的商品？在颜色、设计上有什么不同？这是购买行为发生之前不可或缺的心理活动，

图表24　顾客的购买心理与购买行动

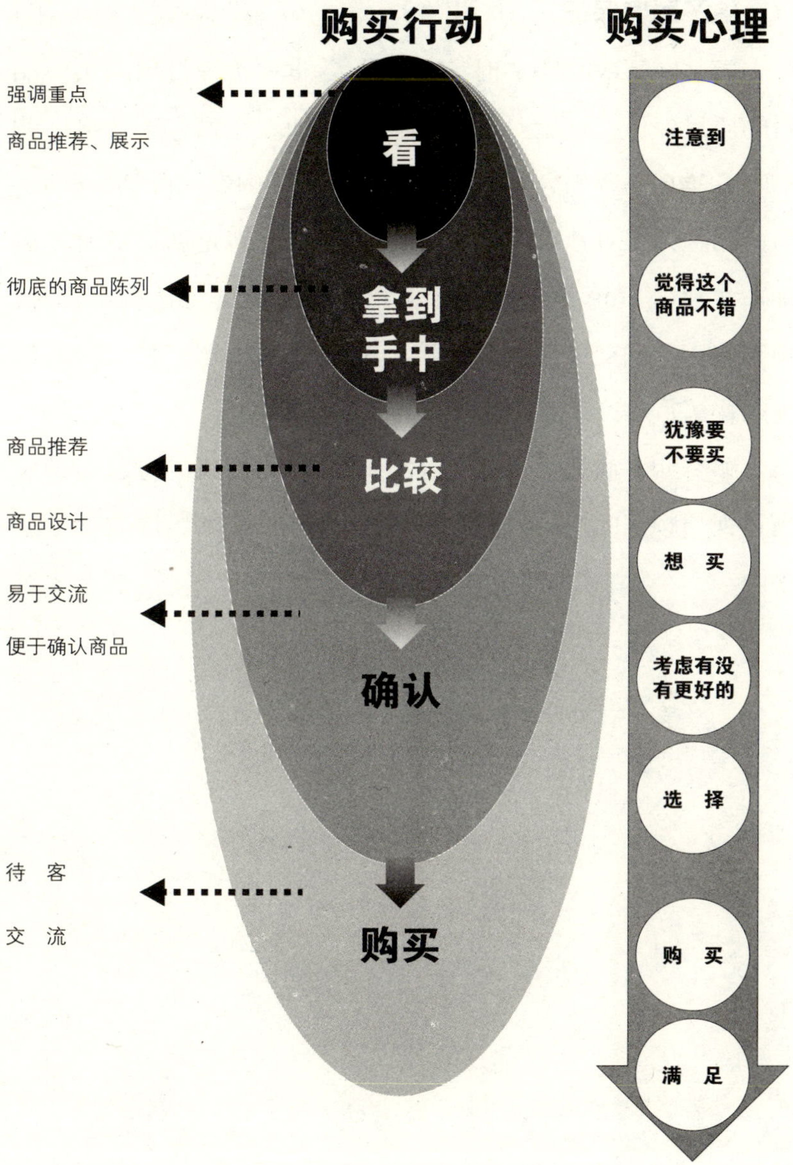

因此店铺需要进行便于顾客进行比较的陈列。

给予顾客保证

顾客在下决心购买时，心理上会非常希望得到购买商品后的质量保证。这就是顾客的确认行动。在顾客进行自助购物时，卖场需要为顾客提供能够确认商品内容的陈列。同时，当商品陈列很难让顾客理解商品的内容或者是新商品时，店铺需要利用 POP 等形式进行信息补充。在进行接待销售时，顾客与店员的交流会成为顾客商品选择的根据，并对顾客最终的购买行动产生至关重要的影响。

顾客购买商品之后，为了让顾客对购物更满意，店铺应当重视与顾客的交流，并且将顾客购买的商品尽快放到顾客手中。

20 驻足率的提高意味着销售额的上涨

购买时的驻足

顾客通常不会一边在通道或者卖场内走动，一边购买商品。如果存在这种情况，那么此时要么是顾客已经知道自己决定购买的商品在什么位置，要么是顾客需要在很短的时间内购买到所需商品。这些都是特殊情况，一般情况下，顾客都会先停下，确认商品后进行购买。

与购买陈列商品密切相关的要点是如何提高顾客的驻足率。打造卖场时，首先需要考虑的就是如何让顾客停下来。

左右驻足率的要素

驻足率高的卖场与驻足率低的卖场到底存在什么样的不同？如图表 25 所示，重点就在行动、心理、卖场打造三个方面。

在卖场打造时，如果驻足率没有如愿提高，店铺可能存在以下问题。

①通道形状改变，难以通行；

②突出物体没有规则性，难以通行；

③单调的陈列令人乏味；

④光线昏暗；

图表25　驻足率的效果

	顾客没有驻足	顾客驻足
行　动	◆只是路过 ◆走过去 ◆走过了 ◆停留时间短 ◆顾客行动路线短 ◆缺乏回游性 ◆顾客未停留	◆停下脚步 ◆走路速度缓慢 ◆走走停停 ◆滞留时间长 ◆顾客行动路线长 ◆顾客形成回游 ◆顾客容易驻足
心　理	◆不关心 ◆没兴趣 ◆不适合 ◆没注意到	◆感兴趣 ◆趣味盎然 ◆合自己心意 ◆注视
卖场打造	◆单调的商品陈列 ◆无计划的陈列 ◆没有陈列重点 ◆光线昏暗 ◆陈列没有建设性 ◆脏污 ◆封闭	◆富有变化的陈列 ◆计划性的陈列 ◆有陈列重点 ◆明亮 ◆有建设性的意见与提议 ◆整洁 ◆让人感觉空间开放、轻松

店铺内部陈列的第一要点就是有效提高驻足率。

商品陈列与空余空间的平衡会提高驻足率，将顾客从店门口吸引到店铺内部。

⑤商品陈列有量感，但是没有合理的商品使用建议；

⑥陈列工具不协调，降低了商品的品位。

店铺要注意：是否给顾客的通行带来了不便；卖场是否由于视觉上的单调性而让顾客感到厌倦；店铺内部是否有统一感；店铺内部是否杂乱无章等。

店铺的特性会让顾客停下脚步

那么，店铺应当如何提高顾客驻足率呢？一般意义上来说，如果能避免上文提到的不利于顾客驻足的要素来打造卖场的话，应该是行得通的。但是，仅仅如此是远远不够的。

店铺提高驻足率的要点其实是打造店铺的特性（个性、独创性、其他店铺没有的东西）。

21 有效促进销售的陈列方法

两种销售促销

销售促销分为店外促销（Outstore Promotion）与店内促销（Instore Promotion）。图表 26 是打造卖场时与促销相关的事项。

店外促销基本上是用来促进信息传达以及有效集客的。同时，顾客也会因为看到店外促销的信息而进店。因此，店铺内部要打造出这样的卖场，即顾客进店之后能迅速找到在店外促销中感兴趣的商品。因为只有真正进入店铺，顾客才能看到实物，并与之近距离接触。如果符合自己的心理预期，那么顾客就会满意。反之，如果期待落空，那么顾客就会不满意。卖场应当尽量做到超出顾客预期。

因此，相比店外促销，店铺更应当重视店内促销。店内促销的成败是由顾客的期待值决定的。

打造超出顾客预期的卖场

店铺应当着力打造超出顾客预期的卖场，措施如下：

①关联商品共同陈列；

②为广告商品添加更多的信息，提高商品的附加值；

③根据不同的场合演示出不同的使用效果；

图表26 打造卖场时与促销相关的事项

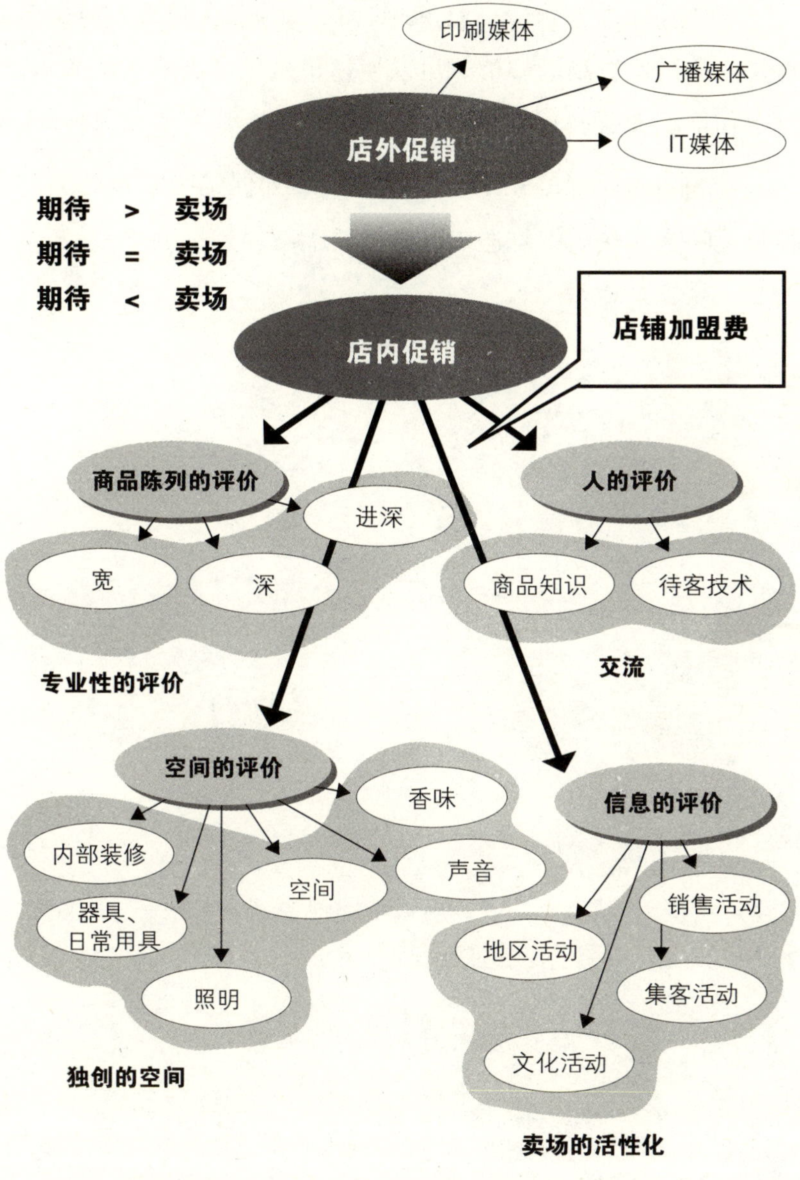

④请明星代言，制造话题，提高促销效果；等等。

在店外促销中获得信息的顾客在店内完成购买的前提条件是对店铺有较高的评价。可以说这也是店铺高品质的表现，其中包括顾客对商品陈列、空间、信息、店铺员工的评价等。

开展店内促销首先应当将顾客在店外促销中获得的商品信息反映在卖场中。打造卖场时尤其需要注意这一点。

22 诱导路线有利于提高顾客回游率

诱导路线的设置需要在设计顾客行动路线的基础上进行。店铺应制造出前文提到的“点”(吸引点),并充分考虑顾客的行动路线,即顾客回游路线。

通过设定通道制定出诱导路线(图表 27)

因为有转角的通道看不远,所以当出现转角时,顾客本能地会产生心理上的抵触。为了缓和这样的情绪,店铺需要在这样的地方设置“吸引点”。

店铺应集中在角落、转角处进行商品推荐,并且将此处设置为吸引点,从而设计出诱导路线。

曲线通道与有转角的通道不同,曲线面很多,因此需要根据曲线面设置吸引点。通过设置吸引点增加冲击性,设计出诱导路线。

在设计通道时,店铺需要在充分把握通道形状的前提下,设计出高效的诱导点。

根据卖场区域的不同,设计诱导路线与回游路线,提高回游率时大致分为以下两种模式。

提高回游率的两种模式(图表 28)

①门面狭窄、进深深的店铺

图表27　设定通道

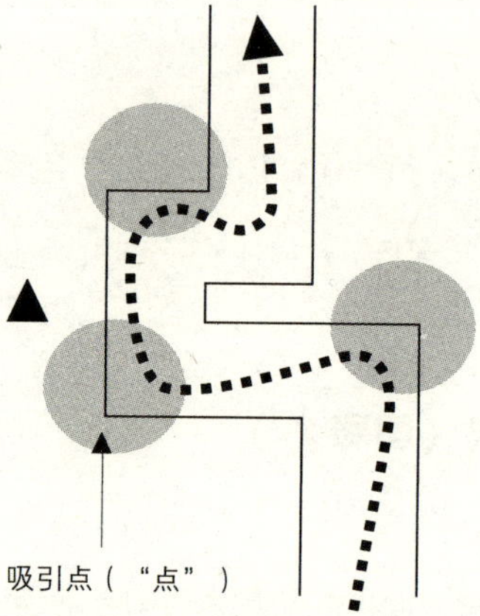

因为有转角的通道看不远，所以为了吸引顾客，店铺需要让转角处充满吸引力，制定出诱导顾客的路线。

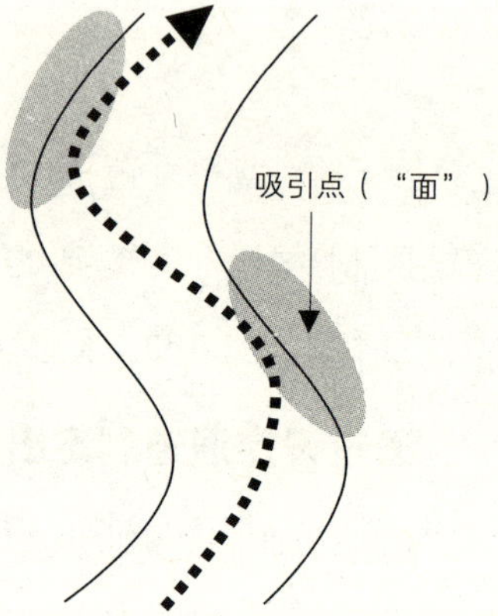

曲线通道上设置的吸引点，应当设置在曲线面上。

图表28　不同的卖场情况不同

对门面狭窄、进深深的店铺而言，打造卖场的重点是吸引顾客来到店铺内部。

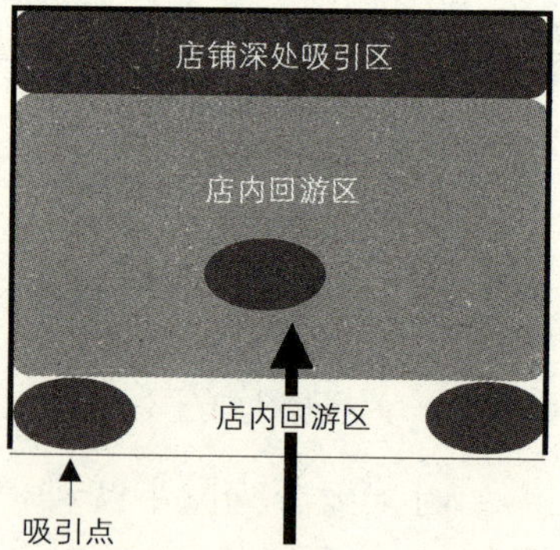

对门面宽阔、进深不深的店铺而言，打造卖场的重点是在店头设置吸引点，吸引顾客逐步往店铺深处走。

对于这种类型的店铺而言，如何将顾客吸引到店铺内部是重点。此时，在店头诱导区域展示让顾客感到轻松的商品或者有吸引力的商品，可以提高顾客的驻足率。

在店内回游区域设置便于自由活动的个人空间，以提高回游率。能够在店铺内自由移动更有利于顾客往店铺深处移动。此时，可在店铺深处开展目标明确的商品推荐，在提高店铺魅力的同时，进一步提高回游率。

②门面宽阔、进深不深的店铺

在店头设置两个吸引点，以提高店铺的关注率，将顾客吸引至店内。

将店内回游区域设计成相对宽松，并且能够满足顾客自由移动的形式，有效提高卖场利用效率。在店铺深处开展特色鲜明的陈列，提高店铺的品位。

23 充分利用纵向空间

店铺不仅要充分利用平面空间，还要充分利用从地板到天花板这一纵向空间。

依据顾客身高进行陈列

在进行商品的上下陈列时，有便于顾客发现的高度与便于顾客拿取的高度。依据顾客的身高，不同的陈列高度有不同的作用。

各陈列高度的使用如图表 29 所示。店铺需要掌握各个空间的作用，进行商品陈列。

与纵向空间密切相关的是顾客的身高。假设男性顾客的平均身高为 170.7 厘米，女性顾客的平均身高为 157.9 厘米，那么店铺内从 80 厘米到 180 厘米左右的空间就是有效陈列范围。这一范围是顾客容易发现商品、看到商品后易于理解商品信息、便于将商品拿到手中进行确认的高度范围。

但是，这仅是一般性的假设。

如果店铺是以年轻顾客为主力消费者，就需要在图表 29 的基础上将数值再增加 3 厘米。但是如果店铺是以老年人或者家庭顾客为主力消费者，那么身高设定的数值需要比图表 29 减少 2 厘米左右。

图表29　各陈列高度的使用

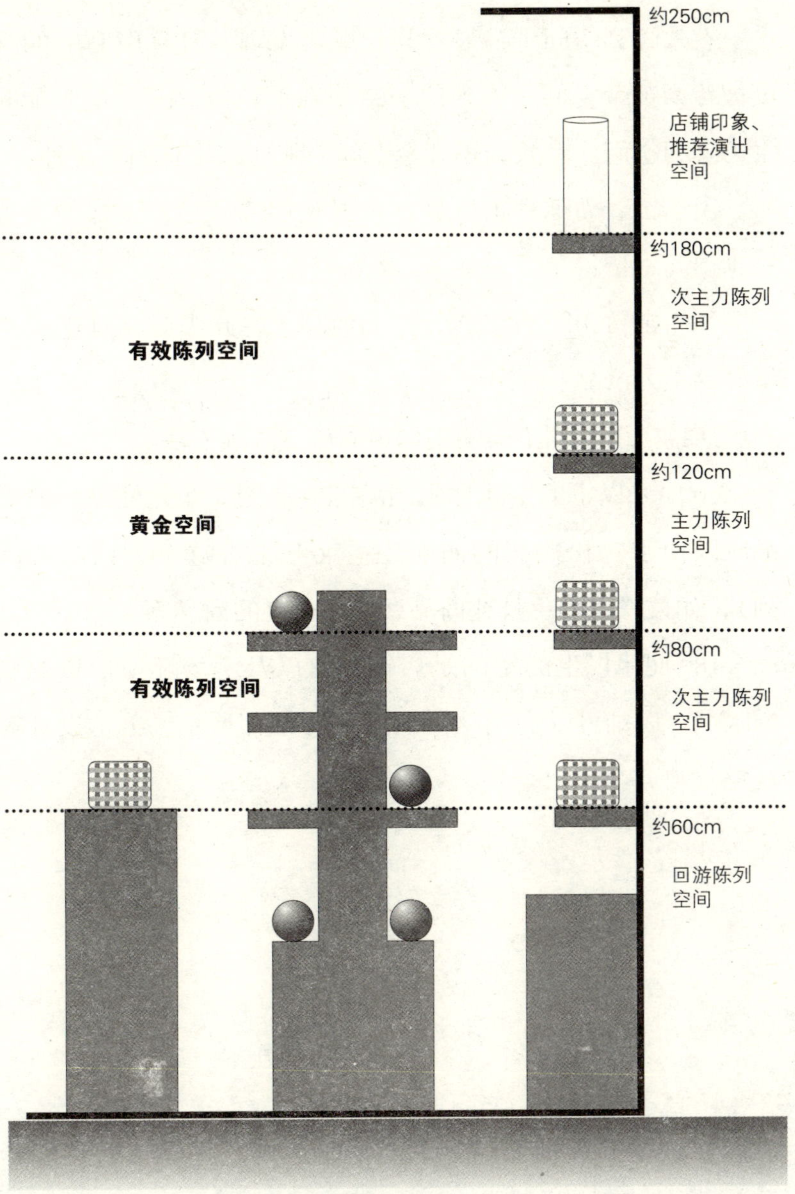

黄金空间活用法

有效陈列空间中，最容易让顾客发现并且拿取商品的高度被称为黄金空间。因为这一空间利于销售，因此是店铺的主力陈列空间。有效利用黄金空间的陈列方法有如下两种：

①店铺着力陈列销量良好且受欢迎的产品，这样能够进一步提高销量；

②店铺着力陈列将会大卖的商品，将此类商品打造成销量好的主力产品。

店铺需要根据不同的销售策略确定陈列方法。

60 厘米以下的空间称为回游陈列空间。在此处陈列的商品应以便于轻松购买的商品为主（并不进行主力商品的陈列），如关联商品、替补商品、价格便宜的商品等。

180 厘米以上的空间是店铺形象以及卖场环境形象的装饰区域。店铺可以利用这一空间进行推荐展示、美术设计等视觉营销。

24 便于顾客发现的陈列

商品展示时应首先考虑是否便于顾客发现，而卖场环境会影响这一要素。

是否便于顾客发现并不是陈列基准，一般的参考基准如图表 30 所示。

因为这仅是参考性的基准，所以店铺需要在卖场内进行实地观察，确认陈列结果是否真正便于顾客发现商品。

陈列柜中的商品可见性

陈列柜中间一般分为两层或者三层，层数越少越便于顾客发现商品。但是，如果陈列商品数量不够，也容易让陈列缺乏量感。

为了实现逐个单品陈列，传达出商品的高品质，店铺应当减少陈列展示层数，以利于顾客及时发现商品。因此，店铺需要根据不同的商品特性来决定陈列的形式。

在陈列柜上方进行陈列时，根据陈列柜的宽度不同，顾客观察商品的优先顺序也不同。

①当在陈列柜上方三分之一的空间内陈列时，因为最上方的陈列相对容易被发现，因此顾客的视线是从上到下自然移动的。

图表30　陈列柜中的商品可见性

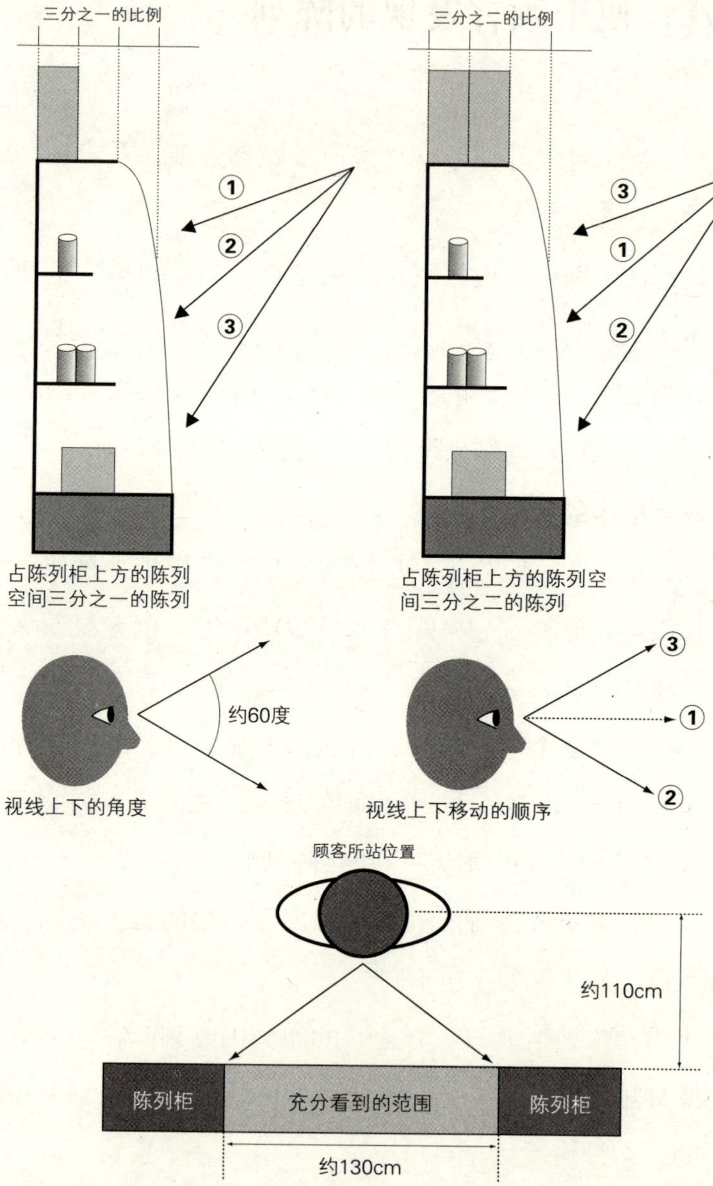

②当在陈列柜上方三分之二的空间内陈列时，因为最上方的陈列处于看起来被隐藏的状态，因此顾客的视线先是从陈列柜中部到下部，然后从最下面一层到最上面一层。一般来说，在陈列柜上方应避免进行商品陈列，尽量在陈列柜内部进行商品展示。

上下左右的视线移动规律

当顾客无意识观察陈列时，基本能看到上下 60 度范围以内的陈列商品。

视线上下移动的顺序是：①直线距离内观察到的商品→②比这个高度略低的商品→③视线上方的商品。

店铺需要按照这一视线移动规律进行陈列。

当顾客站立观察陈列的商品时，根据所站位置与陈列距离的不同，店铺基本需要按照图表 30 的基准进行陈列。一般情况下，顾客会从左至右进行查看，因此店铺需要从左至右进行陈列。

25 根据卖场中的位置进行高效陈列

卖场中的不同位置有着不同的作用。图表 31 选出了卖场内部具有代表性的场所，并显示了在这些场所如何开展有效的陈列。

①橱窗

橱窗不仅能够传达店铺的理念，还能够提高顾客的驻足率。因此，橱窗陈列不是单纯的商品陈列，而是通过陈列传达出令顾客向往的生活建议。同时，橱窗陈列要富有个性。

②舞台

舞台陈列的主要目标是吸引顾客进店、提高顾客回游率，因此要进行代表性商品的陈列。舞台陈列也要引起顾客注意，追求与其他店铺的差异化。

③柱子

根据是否作为陈列场所，柱子的作用会发生变化。当柱子不作为陈列场所时，要让柱子与卖场浑然一体，让顾客意识不到柱子的存在。当柱子作为陈列场所时，要注意保持展示场所与购买场所的平衡，努力将其打造成卖场内吸引顾客的陈列场所。

图表31 根据卖场中的位置进行高效陈列

陈列场所	陈列场所的作用	有效的陈列	无效的陈列
橱窗	让顾客在店门口驻足	提供信息 有魅力的商品推荐	单一的陈列
舞台	吸引顾客往店铺内部走，提高顾客回游率	提供信息 根据实际情况进行推荐与陈列	无差异化的表现
柱子	卖场的重点	分别利用上层与下层进行陈列	单一的陈列
桌子	灵活运用桌子进行展示与陈列	制造吸引点	使用方法不明确
货架	通过彻底的陈列打造卖场	注意正面陈列	无视正面陈列
墙面	吸引顾客来店或者前往卖场深处	视觉演示	单一的陈列
陈列柜	让顾客驻足	立体展示	单一的陈列
收银台前方	促进冲动购买、进行信息通知	重视陈列	进行商品推荐
端架	通过提供信息吸引顾客购买	与购买场所连接，便于购买	使用方法不明确

④桌子

桌子作为便利的陈列工具用途广泛。但是因为桌子是卖场内最有吸引力的陈列工具，所以店铺必须有目的明确的使用方法。根据卖场内的位置不同，在桌子上进行陈列的效果也大不相同。

⑤货架

货架陈列应用于购买场所。店铺要注意进行正面陈列以便于顾客发现商品，获取商品信息。

⑥墙面

墙面能够确定卖场的基本基调，是至关重要的陈列场所。店铺要将墙面作为展示面进行陈列设计。重点是根据地板到天花板的不同高度进行不同的陈列设计。

⑦陈列柜

店铺可以灵活运用陈列柜的外形，开展立体陈列。

⑧收银台前方

陈列购买频率高，或者便利的日常生活必需品。

⑨端架

利用信息提供等方式，明确表现出与其他卖场的不同。端架陈列的商品应便于顾客直接购买。

第3章

视觉营销的方法

26 什么是视觉营销

利用视觉营销展现店铺目标

所谓视觉营销，是指将店铺的陈列商品以及店铺理念经由视觉吸引的方式表现出来，利用视觉效果展现店铺目标的营销手段。

视觉营销包含商品展示的方法、销售层面的销售方法，以及对应的陈列方法等，其与卖场管理的各个方面密切相关。

视觉营销实际上包含了全部营销活动，但此处关于卖场中的视觉营销主要是指以卖场的营销活动为中心，以视觉吸引为基本的表现形式。

华丽地展示出商品固然重要，但视觉营销追求的是通过视觉能一下子让顾客理解店铺想要传达的信息。因此，为打造能够向顾客提出更多建议的卖场，店铺应在店铺理念的基础上进行商品展示。

展示方法、购买方法、销售方法的演示（图表 32）

店铺在进行商品演示时，要注意展示方法、购买方法和销售方法。

①展示方法的演示

·展示商品特性，便于顾客理解的展示方法；

图表32　展示方法、购买方法、销售方法的演示

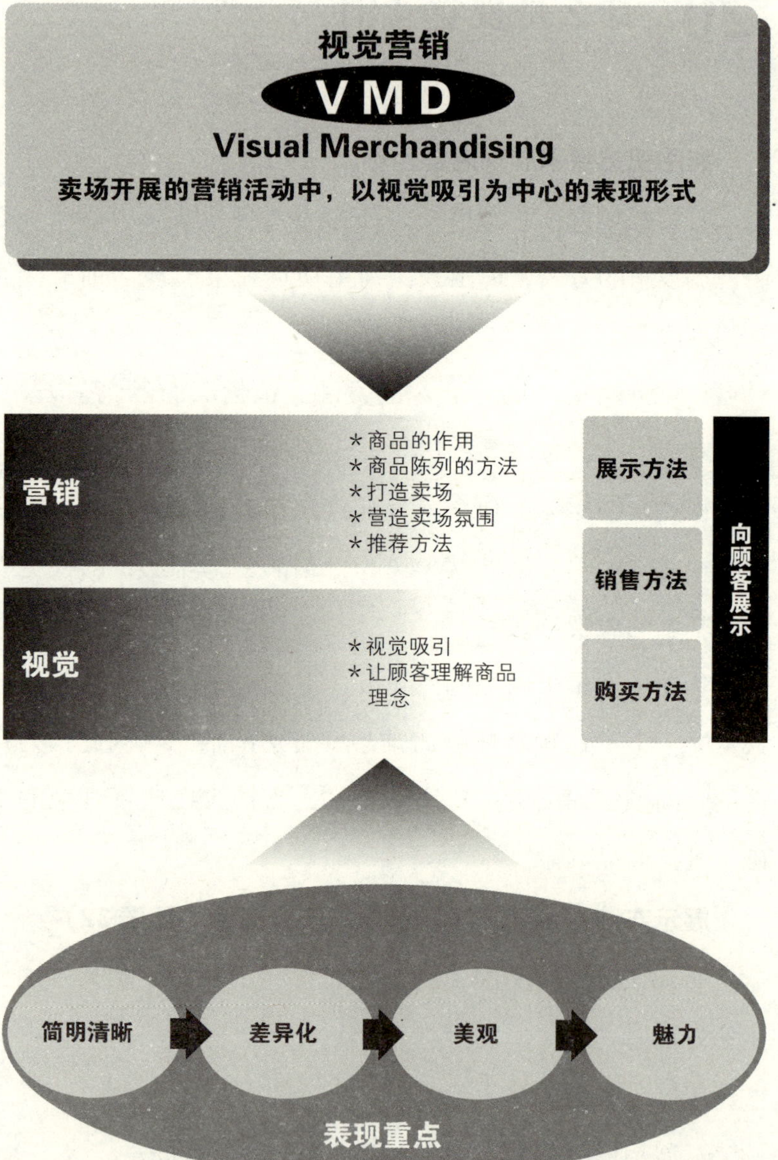

· 根据不同的使用方法展示不同的效果与价值，提供建议的展示方法；

· 利用主题引起共鸣的展示方法；

· 利用提供建议的方式进行信息传递的展示方法。

②购买方法的演示

· 利用陈列变化增加商品卖出的机会；

· 利用量感增加商品卖出的机会；

· 通过明确店内专柜的特定商品打造卖场。

③销售方法的演示

· 以指导推销为主的卖场打造；

· 以自主购物为主的卖场打造；

· 指导推销与自助购物并用的卖场打造。

27 如何在卖场中体现视觉营销

视觉营销的目的是打造推荐型的卖场。而且卖场传达出富有建设性的建议及信息等是打造卖场的基本准则。

利用视觉营销打造的卖场不同于之前的卖场打造思路及方式。图表 33 表示了一般性的卖场与利用视觉营销打造的卖场的不同之处。

一般性的卖场

①各专柜相对独立，集中在一起的层面构成；

②展示大分类的商品时，以独立单品陈列为主；

③各自传递的信息内容不同，富有吸引力的内容参差不齐；

④无法称为高效卖场；

⑤单品陈列占陈列内容的大部分，利用单品堆积打造卖场。

利用视觉营销打造的卖场

①以“面”为中心，考虑整个卖场的陈列方法；

②整体把握各个专柜，同时注重各专柜的特色；

③站在顾客的立场上审视卖场，基于顾客的购买行动打造卖场；

图表33　一般性的卖场与利用视觉营销打造的卖场的不同之处

项　目	一般性卖场的打造	视觉营销卖场的打造
基本的方法	以单个商品为单位打造卖场 从“点”出发 从设计优美角度打造卖场	从多个方面打造卖场 把握“面” 从生活方式上打造卖场
目的与作用	广告的要素强烈 追求单品的量感	商品陈列与战略的可视化 突出单品的价值
吸引重点	打造季节印象 强调商品特性 介绍商品	企划性质的表现传达 根据不同的商品使用方法 表现出商品的价值与效用 善于提供建议
卖场的打造方法	从“点”出发	从“面”出发
商品内容上的吸引	以单品商品陈列并列化为主，注重营造卖场氛围	按照营业企划与销售计划展开 展现生活方式
展开表现	以技巧为中心 注重美观	以内容表现为中心 优先考虑是否便于顾客理解以及信息的有效传达 空间的表现

陈列并列化是一种让顾客看一眼就马上理解的展示形式。

治愈的空间，视觉营销能进行独特的商品推荐。

④利用复合型构思从“面”上把握整个卖场。

能够传达出店铺理念的展示

打造以视觉营销为主的卖场时，重要的是按照计划落实措施并关注顾客对于卖场的接受状态。

例如，打造推荐型卖场时，必须将店铺理念准确传达给顾客。因此，店铺必须考虑便于顾客理解的展示形式。换句话说，此时需要的不是偶然想出的想法，而是计划性的措施。店铺要打造的并不是看起来美观、整齐的卖场，而是相关部门联系起来，作为销售计划、营业企划的一环共同打造的卖场。打造以视觉营销为中心的卖场时也是同样的道理。

28 卖场表现的三个重点

利用视觉营销打造的卖场有 VP（视觉演示陈列，Visual Presentation）、PP（重点商品陈列，Point of Sales Presentation）、IP（单品陈列，Item Presentation）三个表现，店铺应以此打造富有魅力的卖场。

三个表现应张弛有度

这三个表现各自的作用如下：

①VP 强化店铺的推荐性质，将店铺、区域卖场的整体印象传达给顾客，引导顾客进入店内；

②PP 表达区域卖场或者代表性商品的形象；

③IP 展示单品商品，营造易购买的卖场环境。

掌握三个表现的要点，根据卖场的销售目的进行设计，店铺就能营造出张弛有度的卖场氛围。

图表 34 就是示例，与前文所述“点”“线”“面”的作用相结合，更利于理解这三个表现的作用。

打造卖场时，需要注意以下几点：

视觉营销卖场打造的重点

①不应单纯从平面上，而是应从空间整体上把握卖场；

②从顾客视角把握卖场空间，将顾客目之所及的所有地

图表34　营造张弛有度的卖场氛围

远距离吸引顾客的效果

易发现、易理解的集中效果

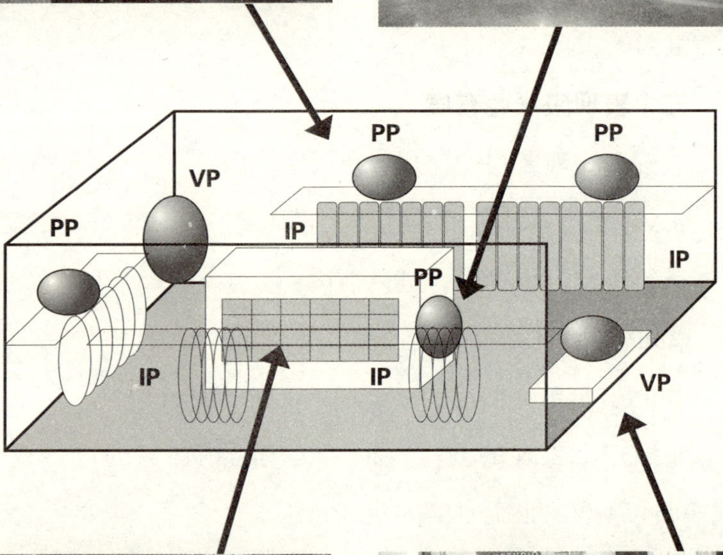

易发现、易寻找的陈列

将顾客吸引至店内，打造店铺的“吸引点”

方都作为卖场打造的空间；

③按照 VP→PP→IP 的顺序打造卖场，合理利用 VP 的信息与 PP 的信息；

④IP 陈列时，打造便于顾客寻找、购买的卖场环境，开展深度陈列；

⑤重点商品的表现应富有视觉吸引力、设计感；

⑥优先进行有销售目的的商品推荐；

⑦让顾客体会到卖场布置的连贯性、故事性；

⑧提高卖场的趣味性，提高顾客的回游率；

⑨店铺陈列设计要有计划性、持续性。

29 VP的思路与商品的表现方法

VP（视觉演示陈列）作为信息性很强的陈列方法，是卖场以及区域卖场中的“颜值担当”。这一陈列方法易于打造出不同于其他店铺的特性（图表35）。VP的作用及特性如下：

VP的作用

①店头的VP通过富有冲击力的表现提高顾客驻足率；

②通过独特的表现形式提高店铺及区域店铺的认知度；

③通过持续开展VP陈列，提高顾客对店铺的认知度及好感度；

④明确传达出店铺理念的VP能够引起顾客共鸣。

VP的对象商品

VP的对象商品大致可分为两类：一类是受顾客欢迎的商品；一类是店铺主推的商品。例如：顾客认为有吸引力的商品、有优惠的商品、店铺想要提高知名度的商品、别的店铺买不到的商品、店铺推荐给顾客的商品等。具体来说就是：流行商品、抢先上市的商品、推荐商品、价格魅力商品、人气商品、话题商品、店铺的主力售卖商品等。

VP的表现方法与注意要点

①以富于建议性的内容形式进行主推商品的陈列；

图表35　VP及其特性

视觉演示陈列

VP

Visual Presentation

表达店铺卖场的整体印象，强调主题，注重视觉表现的差异化，以此捕捉顾客视线，提高顾客驻足率以及顾客对店铺的认知度，引导顾客进入店内卖场。

通过套装商品陈列的形式，进行富有建设性的VP陈列。

顾客视角

①认为很时髦

②驻足

③引起兴趣

④引发共鸣

⑤视线自然流畅

⑥有吸引力

⑦氛围好

②利用更夺人眼球的、与众不同的表现方法；

③确保店铺内最优质的陈列场所有足够的陈列空间，与其他陈列区别开来。

VP 需要将陈列场所设定在诸如橱窗、店内陈列主舞台、回游率高的店内场所等容易聚集顾客视线的重要场所。

在进行商品陈列时要注重美观的装饰和易于顾客理解的信息与表现内容。此外，店铺应尽量避免复杂陈列，使用直接、简明的表现形式，在使用道具进行陈列时避免过度装饰。

30 PP 的思路与商品的表现方法

PP（重点商品陈列）是指挑选出区域卖场中的套装商品及利用单品陈列的方式不能进行有效展示的商品，进行重点推广的一种具有推荐性的陈列方法（图表 36）。

区域卖场有望通过 PP 这种富有魅力的表现形式吸引顾客。PP 的作用与特性如下。

PP 的作用

①利用主推商品富有魅力的陈列表现，将顾客吸引至区域卖场或者单品陈列区域，提高顾客的购买欲望；

②富有魅力的重点商品的陈列要点是提高吸引力，促进回游性；

③把握顾客“看到就想买”的心理，与单品陈列相结合，展开关联陈列。

因为 PP 具有以上三点作用，因此其对象商品应当是区域卖场的代表性商品。选定商品后，店铺应当就商品用途等提出建议。

PP 的表现方法与注意要点

利用 PP 的基本原则是与 IP 联动起来。

①注重陈列的吸引力与连贯性；

图表36　PP及其特性

重点商品陈列

PP

Point of Sales Presentation

挑选出区域卖场中的套装商品，或者利用单品陈列的方式不能进行有效展示的商品，进行重点推广。重点商品陈列的重点是提高区域卖场的驻足率；同时与单品陈列相结合，促进顾客的购买行动。

便于顾客看一眼就能够理解商品内容，富有吸引力

顾客视角

①引起顾客对于自己中意的商品的注意

②驻足

③目光停留

④对商品产生兴趣

⑤易理解商品内容的陈列

⑥富有吸引力

②提出富有建设性的建议；

③进行极具魅力的商品推荐；

④确保足够的陈列空间。

此外，根据不同的陈列场所，陈列方法也不相同。

①展示柜最上方的陈列需要考虑淋浴效果（请参考第 42 节“按照视线进行陈列的模式”）；

②墙壁的视觉冲击力最强，因此应当注重利用视觉冲击力；

③端架是重要的陈列位置，因此应当明确陈列工具的使用方向；

④桌子可开展多用途陈列，因此首先应当明确陈列目的，然后再利用简单易懂的陈列方式展示出来。

在进行陈列时要注意以下事项：具有吸引顾客注意力的效果；重点商品陈列不能脱离单品陈列；避免复杂的陈列；在使用陈列道具时，避免道具过多，使用过度。

31 IP的思路与商品的表现方法

IP（单品陈列）是针对单个商品进行陈列的方法。因为针对性更强，因此更能激发顾客的购买欲望。陈列时注重商品的量感，让顾客体会到四处“寻宝式”购物的乐趣，提供便于顾客探索、寻找的购物环境（图表37）。IP的作用及特性如下。

IP的作用

①明确商品的整理（商品分类）与整顿（展示方法），陈列方式较为清晰；

②针对顾客的消费心理进行陈列，唤起顾客的购买欲望。

利用单品进行陈列后，要做到让顾客看到后马上就能意识到：这是店铺特意进行陈列的商品。

IP的表现方法与注意要点

根据基本的陈列原则开展的IP陈列，应注意以下几点。

①陈列时注重纵横、高低，进行井然有序的陈列；

②展示商品的正面，注重侧面的购买关联性，以此为基础关注陈列的平衡性；

③打造有“探寻乐趣”的卖场环境，为便于顾客选择商品而进行关联商品的必要陈列；

图表37 IP及其特性

单品陈列

IP

Item Presentation

彻底展开商品陈列，将顾客从探索场所诱导至购买场所。追求清晰、易接触、易选择的陈列方式。相比较大范围的陈列，更注重在小范围内的重点陈列。

简明清晰的陈列，吸引顾客眼球。

顾客视角

①商品丰富

②能够进行商品比较

③能够自由选择

④易懂、易看

⑤轻松感

⑥便于认真挑选

⑦购买氛围良好

④考量相邻产品的关联性，打造富有故事性的陈列。

虽然根据不同的陈列场所，陈列的状态也会发生相应的变化，但是无论什么陈列场所，都需要满足以下基本的陈列条件。

①衣架的正面陈列；

②陈列柜的放置位置、正面陈列；

③活用货架陈列；

④按照不同的陈列目的进行展示桌上的陈列；

⑤送货车进行统一整理后开展的陈列。

基本原则是避免复杂的设计以及不必要的量感。单品陈列时，顾客接触商品的机会很多，容易造成陈列的混乱。因此，店铺需要认真地开展卖场后续的整理、整顿工作。单品陈列的最终目的是满足顾客的购买欲望。

32 视觉营销设计

视觉营销设计（VMD 设计）是指利用视觉营销实现无障碍运营的结构。具体分为：组织上的结构、运营上的结构、表现上的结构，卖场必须综合考虑上述三个因素，然后进行具体的陈列设计。只有进行了合理的规划，卖场才能展开目的性强的陈列，同时也能够将卖场顺利运营下去（图表 38）。

组织上的结构

VMD 相关负责人之间的合作固然重要，但更重要的是卖场对于 VMD 的理解以及接受程度，因为这是 VMD 成功与否的关键。最重要的问题就是 VMD 作为店铺销售战略的重要举措是否被大家理解并接受，是否愿意将这一内容体现在店铺的组织结构中。

VMD 最终将体现在卖场中。执行 VMD 企划时，需要卖场负责人通力合作。只有保障平稳的运营以及信息的共享化才能实现 VMD 效果的最大化。

此外，VMD 的负责人在执行相关措施之前，需要进行 VMD 的相关培训，避免产生误解，在认知以及陈列技术层面取得一致。

运营上的结构

运营上的结构是指店铺准备的各种文件及发票。执行

图表38　VMD设计

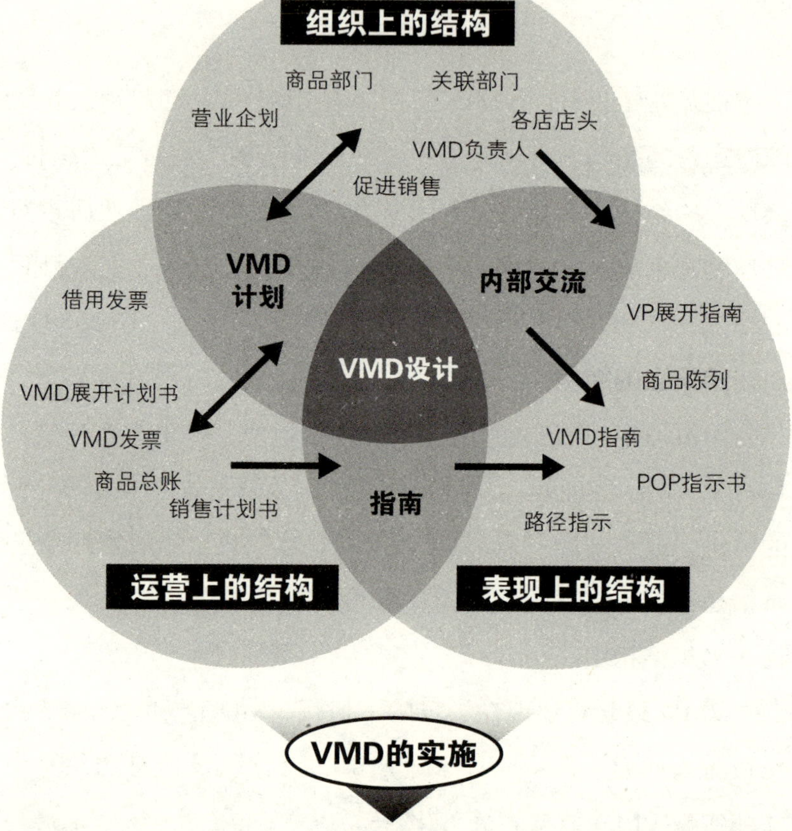

◆**示例**

*月度促进VMD展开计划（按照不同月份的促销计划展开）
*VMD基层展开计划（在通常体制内的卖场体制）
*利用促销开展VMD计划（促销时的卖场打造）
*主力销售计划（品牌打造），促销、重要节日时的VMD展开计划（开设特别的区域卖场、开展店铺活动）

VMD 的相关措施时，不能依赖员工的经验及直觉，必须认真利用文件进行记录，并且在固定时间进行探讨。

店铺需要做相关准备，并且进行记录。例如：VMD 商品总账（开展视觉营销商品的库存总账）、陈列商品库存表（根据不同陈列工具分别记录商品的库存总数）、VP 展开指南（记录实施 VP 相关的各项内容）、VMD 展开计划（按照不同月份开展 VMD 措施，提前列好计划）、商品借用发票等。

表现上的结构

打造充分活用视觉营销的卖场，店铺必须确立基准，并按照这一基准实施打造工程，这一基准就是执行指南。执行指南是以店铺理念为基础制定的、与打造卖场相关的基准，是为便于执行 VMD 相关措施而设定的。

第 4 章

商品陈列的方法

33 何谓陈列

卖场想要传达的内容不同，陈列的方法也各不相同。通过选择不同的陈列场所或者使用不同的陈列工具，店铺能够将陈列意图明确地传达出来。下文就陈列的三大基本分类进行介绍。

按照陈列工具进行分类（图表 39）

①货架陈列

货架陈列是指展示柜陈列。“放置型陈列”是简单的陈列方法，但是因为销量情况不同，陈列时会出现凹凸不平的情况，很容易出现陈列混乱，因此店铺要多加注意。

图表39　按照陈列工具进行分类

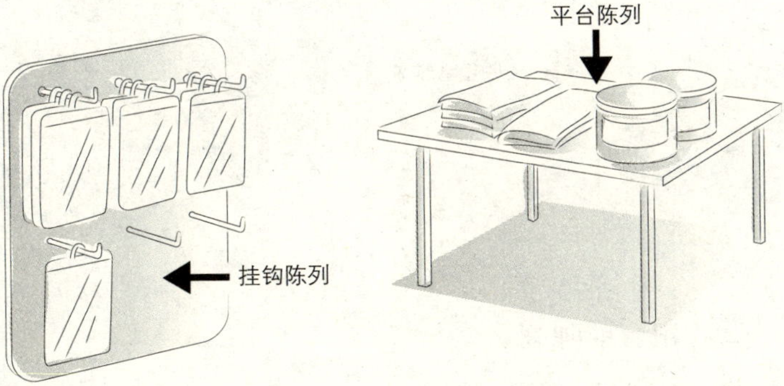

②挂钩陈列

挂钩陈列是指将商品挂起来进行陈列。这种陈列方式虽然能够将商品的正面展示出来，便于顾客发现，但是挂在挂钩上的商品包装容易破损，也很容易出现陈列不整齐的情况。

按照陈列场所进行分类（图表 40）

①端架陈列

端架陈列是指在陈列展示柜的末端这一位置进行的陈列。因为具有引人注意的效果，所以端架是陈列的重要位置。为追求陈列效果，店铺应当在端架开展主推商品的陈列。端架陈列的重点在于将陈列用推荐的形式表现出来。

图表40　按照陈列场所进行分类

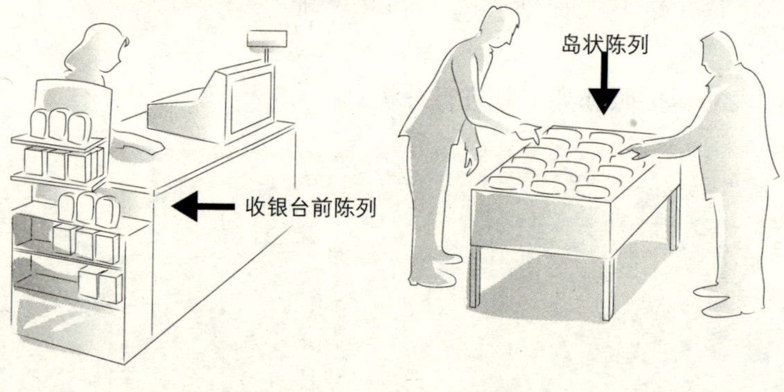

②收银台前陈列

收银台前陈列主要陈列的商品是：忘记购买的商品、轻松购买的生活必需品及便利商品。重点是经常更换陈列商品。

按照陈列技术进行分类（图表 41）

①跳跃陈列

利用跳跃式陈列，陈列低价格商品。商品的混乱陈列有吸引顾客的效果，但是要注意数量。

图表41　按照陈列技术进行分类

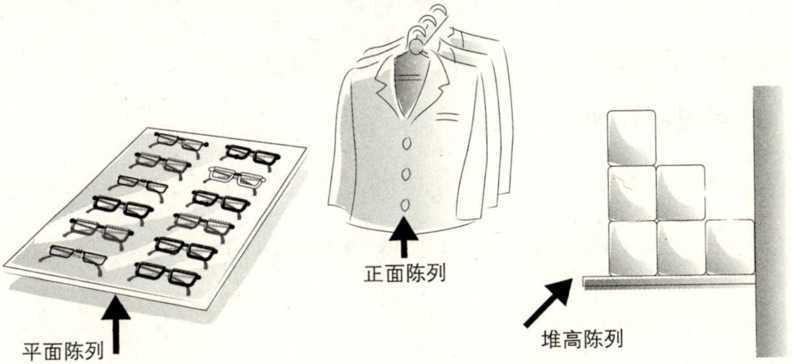

②堆高陈列

向前突出的陈列更易于顾客发现。同时，堆高陈列能够将商品的量感表现出来。

③纵向分割陈列

将相同的商品或者感觉相同的商品进行纵向展开的陈列，便于顾客进行比较选择。相反，横向展开的陈列称为横向分割陈列，陈列在横向上展开。

34 陈列的基本条件

开展商品陈列时，为了将陈列的意图准确无误地传达给顾客，必须要满足陈列的基本条件。

陈列的基本条件是指当顾客想要购买商品时，卖场内的陈列方式符合顾客的心理预期（图表42）。

易见的陈列

商品的易见性是陈列必须满足的首要条件。商品陈列过多、商品被隐藏在陈列工具或者POP的后面、陈列时完全看不到商品正面等情况发生时，顾客很难理解店铺陈列的是什么商品。

易挑选的陈列

陈列时应当让商品处在便于顾客挑选的状态。所谓选择，就是探索。为了便于顾客“寻宝”，应当尽量避免因为过量堆积导致的顾客一碰就轰然倒塌的陈列、顾客一拿走所需商品就会倒塌的陈列，以及库存过量导致的顾客拿不出所需商品的陈列。

易了解库存的陈列

商品库存与商品的量感密切相关。陈列时有适度的量感才能够使整个店铺充满活力。而且，顾客购买时也希望从更

图表42　陈列的基本条件

多的库存商品中进行选择。因此，陈列时要保证适度的库存数量。

易比较的陈列

顾客购买商品时会从颜色、形状、设计、材质、价格等多个方面进行比较。顾客追求的是令自己满意的购物过程。陈列时应当采取正面陈列、正面陈列商品的关联商品陈列等便于顾客选择、比较的陈列状态。

易触碰的陈列

通过将商品拿在手中进行确认，顾客能够充分理解商品的内容。因此，卖场应当营造便于顾客自由取放、轻松的陈列氛围。在展示柜内部进行陈列时，应当积极配合顾客需求，引起顾客的注意。

易购买的陈列

卖场应当打造便于顾客轻松购买的购物环境。顾客购买商品之后，卖场应查看是否有给顾客带来麻烦的事项，让顾客满意到底。

35 从陈列数量与销量来看陈列的平衡

陈列状态需要根据商品的销售状况进行调整。掌握陈列商品数量与销量的平衡后，店铺需要把握卖场的状况、进行设计的变更、重新制定销售政策等。

陈列状况的分类如下（图表 43）。

销量良好，陈列数量增加

这种情况下，店铺不存在问题。店铺需要考虑：是否要在销量良好的情况下再提高销售目标？维持现状不变，为了防止将来销量下降，何时进行下一轮销售企划？

销量良好，陈列数量减少

是否因为广受顾客欢迎而要追加进货？是否要根据售罄商品重新安排陈列？无论是何种选择，店铺的陈列目标都是将目前的陈列商品销售一空。

销量、计划相符合，陈列数量比销售商品数量多

此时说明店铺库存过剩。作为应对策略，应当将库存过多的商品撤出陈列，保证适当的陈列数量。

销量、库存与计划相符合

是维持现状，还是更进一步？店铺需要根据不同的目标，进行陈列的变更。店铺在决定维持现状后，也要为避免销量

图表43　陈列状况的分类

	陈列商品的销量情况	陈列商品的数量	陈列的状态
1	↗	↗	没有问题。销量良好的商品是否能销售更多?就这一问题开展下一轮陈列。
2	↗	↘	以销售一空为目标展开陈列。
3	＝	↗	适当数量的商品利用适当的陈列方法进行陈列。
4	＝	＝	防止目前的状况下滑，开展陈列。
5	＝	↘	判断是否需补货或者维持卖空的陈列状态。
6	↘	↗	开展将商品销售一空的陈列。
7	↘	↘	不让顾客感觉陈列的是卖剩下的商品。

下降而制定后续对策。

销量与计划相符合，陈列数量比销售商品数量少

商品比原计划更受欢迎，商品陈列呈现单薄状态。如果尚未达到销售目标，是否要尽快补货以补充陈列？如果将要实现销售目标，是否就这样将商品售空？这是店铺需要确定的问题。

销量逐渐减少，陈列数量逐渐增加

此时店铺库存数量过剩。为了弥补未完成的计划，应当尽早提出应对机制，以便于售空商品。卖场需要打造出性价比高、价格实惠的陈列状态。

销量与陈列数量同步减少

虽然处于临近商品售空的状态，但是陈列时要避免让顾客产生“是卖剩下的商品”的感觉。

36 完整陈列，降低“噪音”

陈列的“噪音”是指缺乏脉络性、关联性，没有统一感，视觉上复杂，并且让人感到不快的展示状态。换句话说，就是有杂音的状态。去除这种杂音，就是降低“噪音”。

注重简单化

展示商品时，应当采取对顾客而言最有效的表现方法。在陈列时应当避免完全按照个人感觉进行陈列，或者是陈列时加一点这个商品，加一点那个商品，最终导致过度陈列。陈列表现的重点是简单。

卖场中陈列着多种多样的商品，这同时也是卖场向顾客提供的富有吸引力的信息。如果不对这些信息加以整理，卖场就会缺乏整体性，从而使信息的吸引力下降。

卖场越是拥有强烈的销售执念，这种现象就越常见。卖场既希望顾客注意到这个商品，也希望顾客注意到那个商品。这样就会让顾客认为这是一家目标不明确的店铺，认为这样的陈列都是“噪音”。

重视统一感与平衡感

顾客是对店铺印象不错，对店铺完全没有感觉，还是对店铺没有特别好的印象？这些都是由顾客走进店铺时的直觉决定的。为了给顾客留下好的印象，店铺应当避免单品陈列，选择陈列一组商品，这样会使陈列更富有吸引力。

换句话说，去除陈列“噪音”的重点是统一感及平衡感，如图表 44 所示。

①有一个圆圈，即使不喜欢，也能一眼就发现。②有三个圆圈，因为分散开来，所以相比①而言，吸引力降低了。③中圆圈很多，但是因为有统一感，所以这样陈列也拥有相应的吸引力。从⑥开始加入了不同的形状。⑦的吸引力很分散，产生了陈列“噪音”。

图表44　陈列的统一感及平衡感

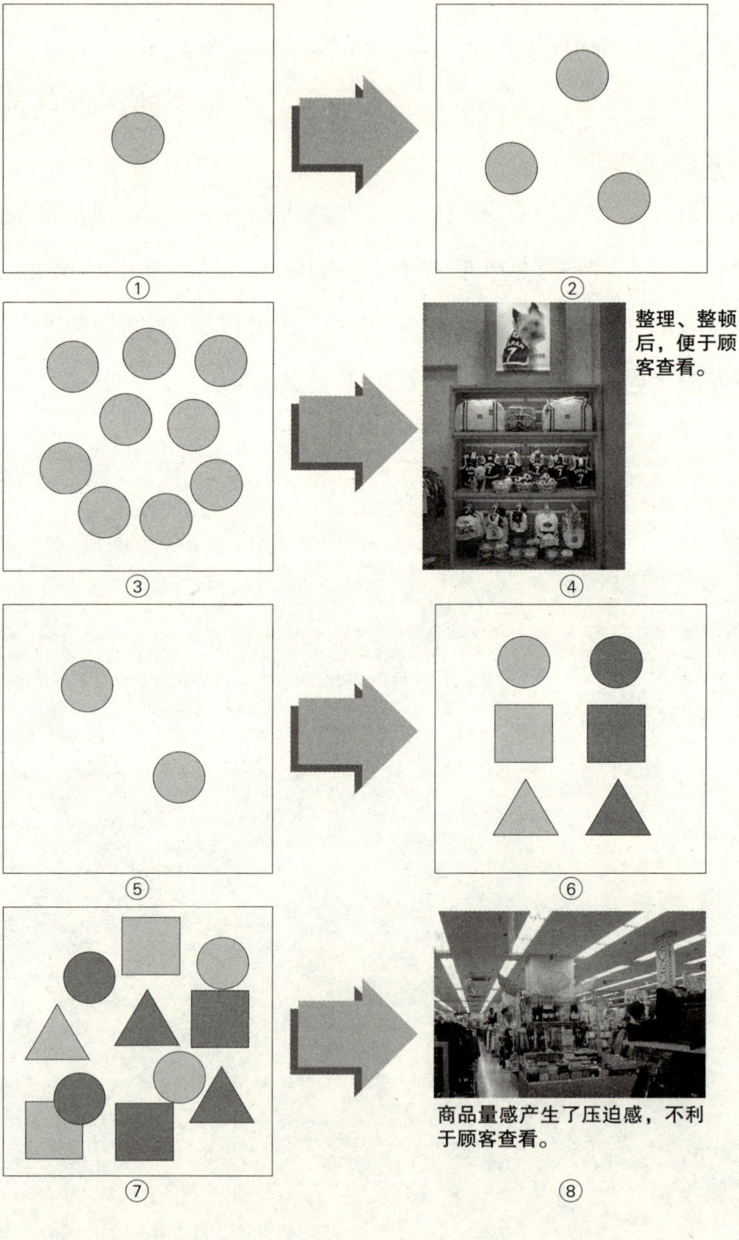

37 陈列表现的三个重点

与推荐场所或展示场所这种会吸引目光的场所不同，商品陈列空间很容易变成毫无趣味的空间。但是，陈列空间是顾客的购买场所，也是顾客挑选商品的“寻宝之地”。因此，陈列的重点在于引起顾客的购物兴趣。打造愉快的购物环境，以下三点尤为重要。

给陈列增加故事性（图表 45）

陈列并不是单纯的商品摆放，应当赋予陈列以故事性。所谓陈列的故事性，是指脉络清晰、有一定关联性的陈列。

例如：将形状各异的商品按照某一关联性陈列在一起。颜色不同时，按照彩虹的颜色顺序，即自然的颜色变化进行

图表45　给陈列增加故事性

陈列。或者，基于某一主题，按照生活方式的关联商品进行统一陈列。这样陈列时就会产生秩序与脉络，同时也便于顾客了解店铺的陈列意图。

如果忽视这一点，毫无意图地进行陈列就会因为吸引力分散而失去统一性。这样既不利于顾客发现商品，也不利于店铺展示陈列的魅力。

给陈列增加节奏感（图表46）

毫无变化的单调陈列容易让顾客感到厌烦，因此店铺应当赋予卖场节奏感，也就是增加变化。

店铺可通过以下措施给陈列增加节奏感：陈列线较长的情况下，中间要有停顿；单纯的陈列时，要增加富有吸引力的商品——“点”，并且针对陈列商品向顾客提供建议。

图表46　给陈列增加节奏感

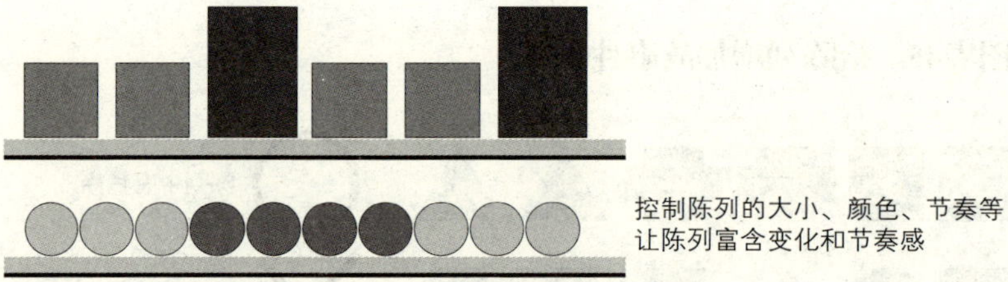

按照不同陈列场所的特性改变陈列内容（图表47）

陈列时需要按照不同的陈列场所改变陈列的形态。例如：展示柜最上方的陈列与中间的陈列方式不同；吊式陈列时，最前方的正面陈列与后方的正面陈列方式不同。按照不同陈列场所的特性进行陈列，有助于提高卖场陈列的吸引力。

图表47　按照不同陈列场所的特性改变陈列内容

利用柱子进行陈列。

墙面的最上方、中间、下方的陈列富含变化。

38 正面与侧面的陈列方法

陈列分为正面陈列与侧面陈列（图表48）。

正面陈列

陈列的基本要点是将店内所有商品以正面的形式进行陈列。但是因为卖场面积有限，所以为了陈列更多商品，店铺同时也会采用堆积陈列、吊式陈列、挂式陈列等方式。

之所以说正面陈列是陈列的基本，是因为展示商品的正面能够让顾客了解商品的不同。从本质上说，顾客只有了解了商品的不同才会决定是否购买。因此，卖场内部应当以正面陈列为主。

正面陈列的要点如下：不仅要陈列一个商品的正面，还要考虑相邻商品之间正面陈列的关联性；区域卖场商品的设计应纳入店铺整体的陈列计划之内。

此外，正面陈列时要注意颜色的控制，因为正面陈列商品的颜色会影响卖场的整体颜色。卖场应当利用富有季节感的颜色、明亮的颜色、流行的颜色等颜色控制，灵活运用正面陈列。

侧面陈列

侧面陈列是指展示商品侧面变化的陈列方式。卖场中，

图表48 陈列中的正面陈列与侧面陈列

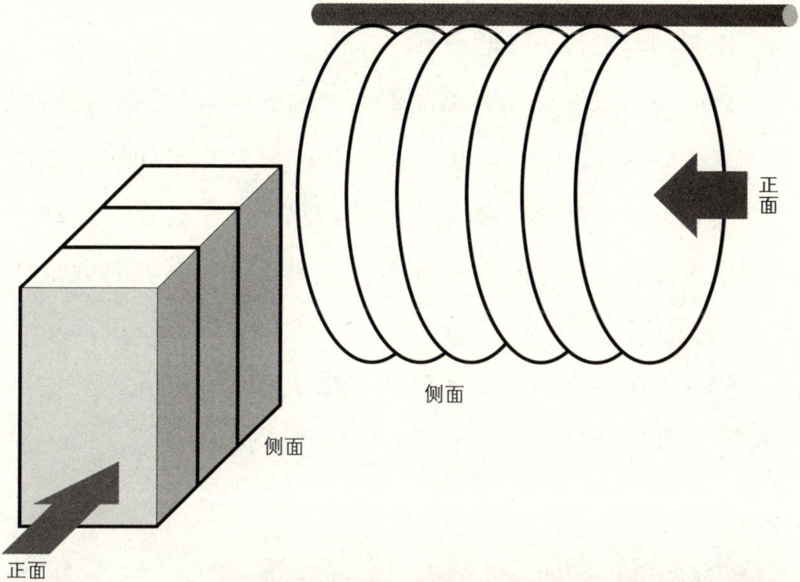

	正面陈列	侧面陈列	共通的要点
作 用	展示商品的正面 让顾客了解商品的不同	展示商品的侧面 让顾客了解商品的变化	利用陈列进行展示，便于顾客挑选 顾客能够顺利开展购买行动
陈列模式	正面陈列 易见陈列	侧面陈列	利用让侧面看起来美观的陈列方式
购买动机	了解商品的不同	便于顾客触碰商品做出选择	正面陈列的商品能够与侧面陈列相结合
陈列要点	避免隐藏正面 注意相邻商品的关系	便于取放的陈列 数量 商品分类	打造展示场所、探索场所、购买场所

顾客一般都是在看到商品正面后，从商品侧面陈列中拿取商品的。因此，卖场陈列的重点是便于顾客拿取、便于顾客挑选、便于顾客进行与其他商品的比较。

侧面陈列只能展示商品的侧面，因此顾客并不能通过侧面陈列了解商品的内容。因此，陈列时应当思考如何才能将商品内容传达给顾客，如何才能让商品富有变化性。此时的陈列重点是进行合理的商品分类，为便于顾客发现而进行颜色控制。

陈列的主要方法有放置陈列、吊式陈列、挂式陈列。正面陈列、侧面陈列与这些陈列方法是共通的。

39 利用陈列柜最上方的推荐展示吸引顾客的目光

利用陈列柜进行展示有两种方法：一是在所有层数展开陈列；二是在陈列柜最上方利用向顾客提供建议的方式进行陈列。根据卖场的理念、吸引方法、陈列方法的不同也会产生差异。虽然大部分陈列都需要按照店铺的方针进行，但是总体上而言，还是建议卖场利用陈列柜最上方向顾客提供建议这一方式（图表 49）。

陈列柜的陈列方法

在陈列柜的各层都陈列商品会让商品产生量感。例如：当从靠墙壁的陈列柜到天花板都有陈列的商品时，商品的量感会让顾客产生紧迫感。中间放置商品的陈列工具的量感也同样会产生紧迫感。

无论利用何种陈列工具，陈列的商品数量都不能超过陈列工具的容量，应当将陈列的商品数量控制在陈列工具容量的百分之七十左右，此时的量感对于顾客而言最富有吸引力。

自下而上的卖场陈列能将卖场的商品库存原样展示出来，同样可以提高卖场的吸引力。而且因为是有量感的陈列，所以既便于寻找库存产品，也便于管理，能够最终实现陈列的目的。

图表49 利用陈列柜最上方向顾客提供建议

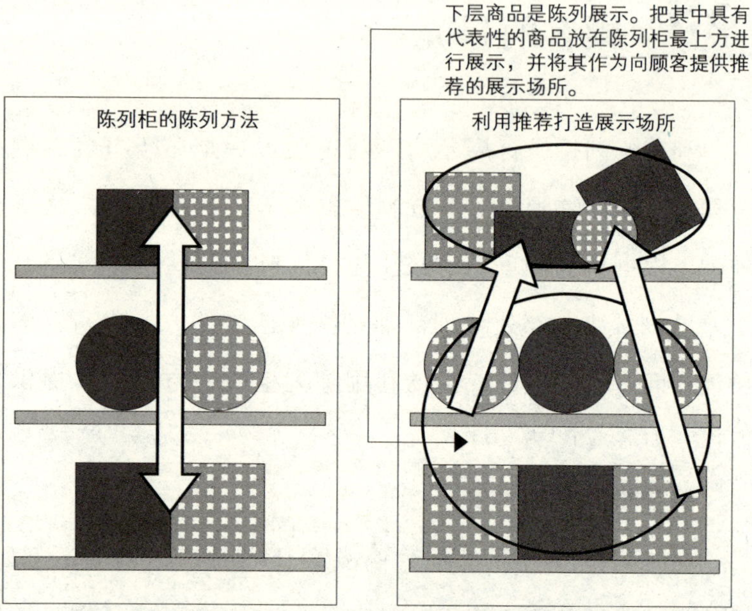

应尽量避免的陈列方式。

考虑卖场的“展示场所与购买场所”的特性构成的陈列。

毛巾被的壁面卖场陈列。将中部、下方的代表性商品在陈列柜最上方进行陈列，向顾客提供建议。

因此，此时的陈列重点是卖场中有明确的商品分类，有设计美观的陈列。

将陈列柜最上方作为向顾客提供建议的展示场所

店铺应区别使用陈列柜的各层空间，将陈列柜最上方作为展示场所，将陈列柜的其他层数设定为购买场所。严格执行这一规则，有利于卖场打造统一的陈列印象，打造出良好的卖场购物环境。

此时，陈列应当利用视觉营销进行打造。最上方以下的陈列应当利用 VP、PP、IP，打造富有节奏感的魅力卖场。

打造展示场所也就是打造能够向顾客提供建议的场所。卖场应当利用 PP 表现明确的商品内容，积极展开陈列。

当然，陈列柜最上方陈列的商品必须是下层陈列中具有代表性的商品。陈列柜下层的陈列应利用富有量感的 IP 进行陈列，提供给顾客富有探索乐趣、购买乐趣的卖场。

40 正面捕捉陈列的基础

店铺在掌握陈列要点时，最重要的一点就是了解顾客具体是怎样看待卖场陈列的。

商品陈列中，如何进行整理是基本。卖场要掌握“具体化的陈列”“有秩序”“有统一感”“脉络清晰”“有主题性”这些陈列的关键词，并由此取得陈列的平衡，控制卖场的陈列。

商品整理的两种基本模式如图表 50 所示。

按照商品的不同尺寸展开陈列

商品陈列时视线移动的方式如下：横向陈列时视线从左往右；上下陈列时视线从上往下；前后陈列时视线从前往后。陈列的原则是按照视线自然移动的方向进行。

按照商品的不同尺寸展开陈列时，左、前、上的方向应放置尺寸较小的商品；右、后、下的方向应放置尺寸较大的商品。

纵深陈列时，应在深处陈列库存产品；展示柜陈列时，应充分利用展示柜的横向方向进行陈列。

按照商品的不同品种展开陈列

按照商品的不同品种展开陈列时，既要注意商品的不同种类，也要注意商品的形状、颜色、材质等要素。

图表50　商品整理的两种基本模式

◆按照商品的不同尺寸展开陈列

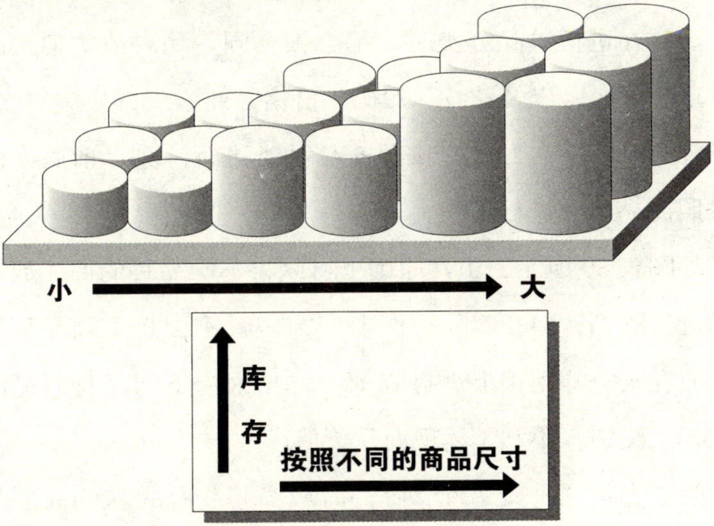

◆按照商品的不同品种展开陈列

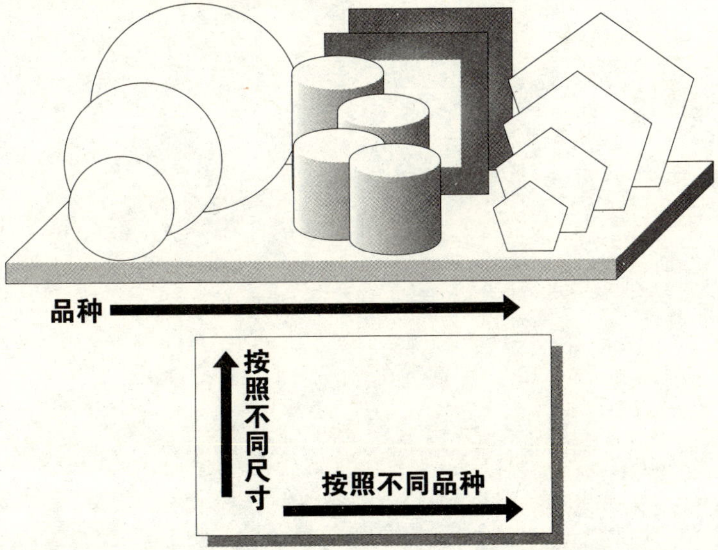

为了使陈列更美观，最基本的方法就是进行商品分类。虽然每家店铺的商品种类、销售体制各不相同，但一般情况下，店铺在进行单品分类时，都会根据同一品种或类似商品的材质、颜色，以及花纹、尺码、价格等要素进行分类。

陈列时，左右方向应按照商品种类进行陈列，前后方向应按照商品尺寸进行陈列。

如图表 50 所示，虽然原则上可以将不同品种的商品放在一起进行陈列，但在实际操作中店铺一般不会将不同品种的商品放在同一陈列柜上进行陈列。这是因为不同品种商品的特性相互交错，不利于体现商品价值。

为了去除这种交错性，陈列时应当将相互关联的商品品种放在一起陈列，这样也便于顾客顺畅地进行查看。

41 考虑顾客视线的商品陈列

陈列的要点是让顾客在店铺内的视线流动起来。陈列成功与否的关键就在于顾客视线的流动方向。正如前文所述，这与陈列中的秩序感、统一感、脉络清晰、有主题性等要素密切相关。

下文分别以展示架陈列与陈列柜陈列为例进行说明（图表 51）。

展示架陈列的视线流动方向

①制造山形曲线

商品从左侧开始分别按照小、中、大、中、小的不同尺寸顺序进行陈列，形成山形曲线。通过陈列时制造出的山形曲线，实现视线从左至右的自然流动。

这样做能自然引导顾客从左至右查看商品，是能够制造回游行动路线的陈列方法。

②利用曲折曲线制造节奏感

商品按照大、中、小的顺序进行重复陈列。这样的陈列方法能使视线的流动反复呈现后高状态，制造出节奏感。适用于利用商品的形状进行陈列的情况。

图表51　考虑顾客视线的商品陈列

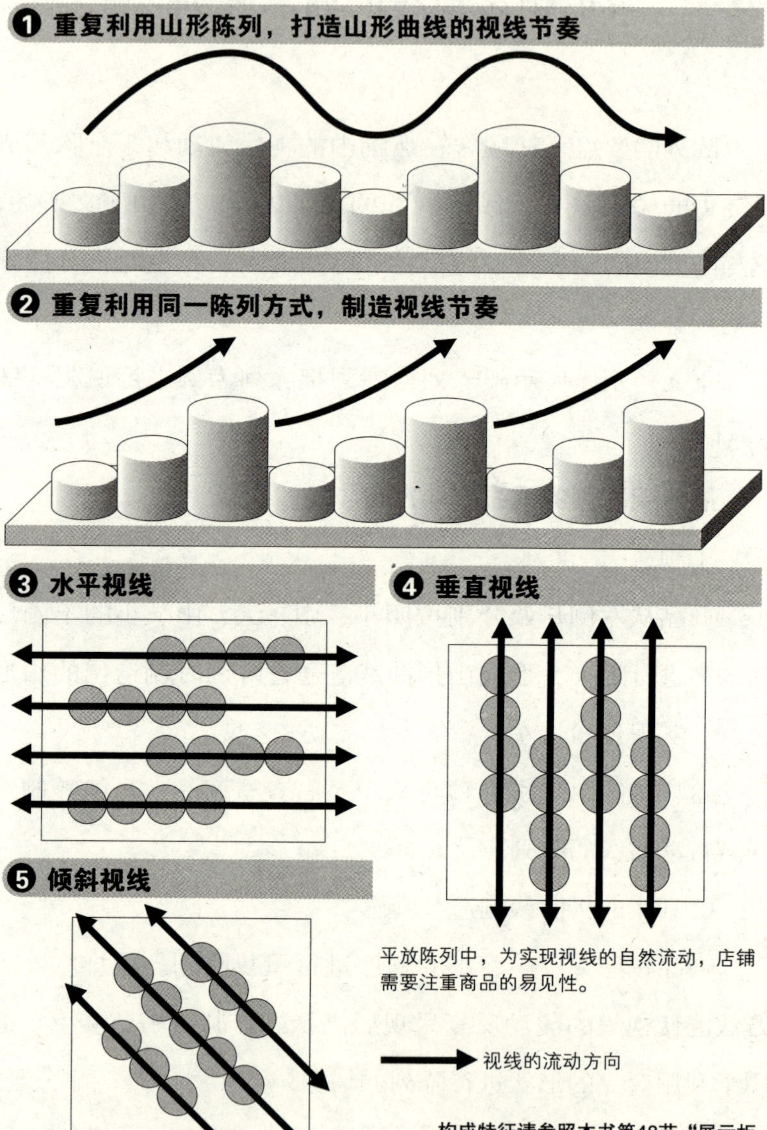

陈列柜陈列的视线流动方向

③水平视线的流动方向

进行水平陈列时，视线会自然按照水平方向进行流动。其特征是能够在左右横向上让顾客感觉到视野的开阔，而在前后纵深方向上让顾客感觉到视野的狭窄。因为横向线相对较长，所以适宜在水平方向上进行商品比较。水平陈列能够展示商品的变化性。

④垂直视线的流动方向

将商品进行前后垂直方向的陈列时，视线也会按照前后纵向流动，因此没有横向的开阔感觉。所以，店铺需要综合考虑横向陈列与纵向陈列的平衡。

⑤倾斜视线的流动方向

倾斜陈列与水平陈列、垂直陈列都不同，属于不安定的、动态陈列，适用于追求变化的陈列方式。主要用于给单调陈列增加变化与重点。

需要注意的是，倾斜陈列不能多处使用，否则会导致视线混乱，使陈列变得杂乱无章。

42 按照视线进行陈列的模式

在开展商品陈列时，应当捕捉顾客的视线移动，并且按照顾客视线的移动规划陈列。

为了捕捉顾客的视线，重点是决定卖场的整体陈列利用什么样的表现展开。

如图表 52 所示，当进行靠墙的陈列柜陈列时有三种模式。根据陈列的目标不同，卖场应当按照用途、目的分别对这三种模式加以利用。

陈列柜陈列（请参照本书第 39 节“利用陈列柜最上方的推荐展示吸引顾客的目光”）

当陈列柜全部层数都用来陈列商品时，商品的量感会给人一种紧迫感。这种量感与天花板高度比例合适时，能够产生视觉上的冲击力。因此，陈列负责人在进行陈列时不应当按照自己的喜好进行陈列，而应当在了解产品诉求内容的基础上开展陈列。

使陈列产生量感的具体方法如下：利用颜色进行控制；根据不同的陈列项目，按照用途不同进行区分；在综合形状、尺寸、价格等要素后展开陈列。

此时的陈列要点是按照视线的移动方向，从上至下、从

图表52　靠墙陈列柜陈列的三种模式

❶ 陈列柜陈列

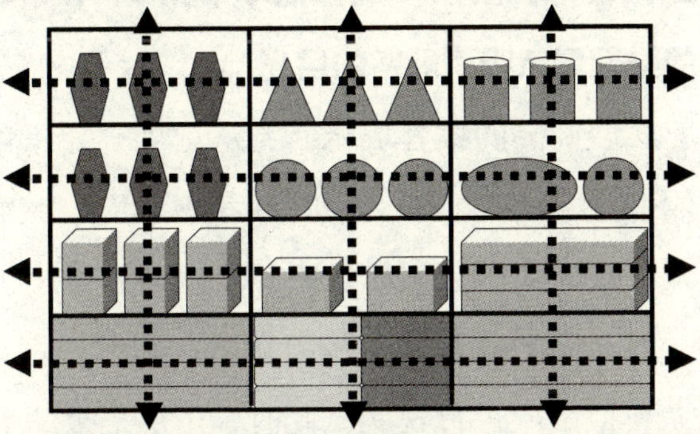

按照从上至下、从左至右的方向进行陈列，便于顾客进行商品比较及选择。

❷ 陈列柜上层的推荐陈列展示

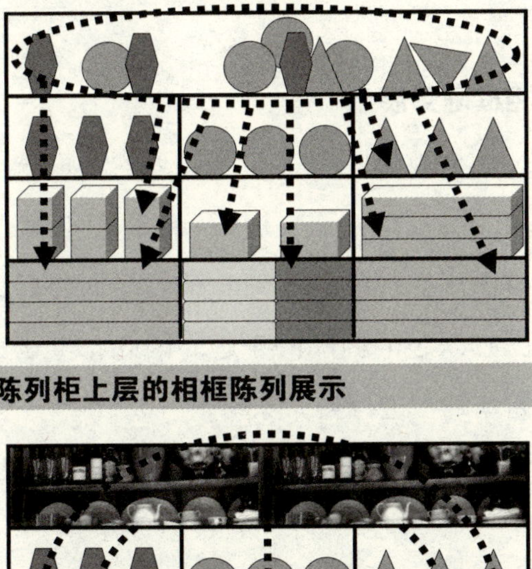

陈列柜上层的（推荐陈列）中的商品会影响陈列柜下方的商品，产生“淋浴”的效果。

❸ 陈列柜上层的相框陈列展示

陈列柜上层的推荐展示包括下层的商品，力求达到顾客理解整体陈列商品的效果。

左至右进行陈列，以便于顾客进行商品的比较与选择。

陈列柜上层的推荐陈列展示（请参照本书第 39 节“利用陈列柜最上方的推荐展示吸引顾客的目光”）

在陈列柜上层开展商品的推荐展示时，从远处开始就能起到吸引顾客的效果。因此陈列柜上层的推荐展示应当突显与其他陈列的差异，采用能够吸引顾客眼球的表现形式。首先，利用陈列柜上层开展的推荐展示吸引顾客。然后，将具体的推荐内容在陈列柜下层进行说明。此时，下层需要进行分类易懂的陈列。从推荐展示开始，顾客的视线会逐渐下移，形成“淋浴”效果。

陈列柜上层的相框陈列展示

陈列柜上层通过相框效果陈列，追求陈列的场面感。此时，为打造整个陈列的场面感，陈列柜下层的陈列也应当包含在此，进行综合考虑。在视线捕捉到陈列的场面感后，顾客就会产生探索自己感兴趣的商品的乐趣。因此，卖场应当在考虑整体场面感的基础上进行具体陈列。

换句话说，卖场在遵守陈列基本原则的同时，如果能够重视打造场面感这样的购物氛围，陈列效果会更好。

43 陈列的分类与陈列工具的使用

商品陈列大致可分为两类：吊式、挂式陈列与放置陈列。因为这两种陈列方式有各自的特性，所以卖场应当结合商品种类以及吸引顾客的目的等因素分别使用（图表 53）。

吊式、挂式陈列

吊式、挂式陈列中具有代表性的是利用衣架进行的陈列（请参照本书第 44 节“衣架陈列”）。

衣架陈列有多种形式，例如：倾斜状、卍字形、圆形等。最近还出现了新形式，例如：安装在墙壁上的类型、系统式衣架组装方法的类型、有造型效果的固定类型等。

倾斜状衣架陈列是指将商品的正面展现出来，向前方进行陈列的类型。圆形衣架陈列需要注意陈列的商品数量。

此外，开展挂在挂钩上的陈列时，卖场应当营造轻松的购物氛围，适合陈列冲动型购物商品以及遗忘商品、季节性强的商品等。根据不同的陈列方法能够使陈列的商品产生量感，给顾客带来冲击性。但是这种陈列方式对吊挂商品的包装有限制，所以卖场要注意这一点。

开展大面积的衣架陈列时，由于混合了很多商品，所以容易产生杂乱感以及廉价感。因此，卖场需要开展商品分类，

图表53　陈列的分类与陈列工具的使用

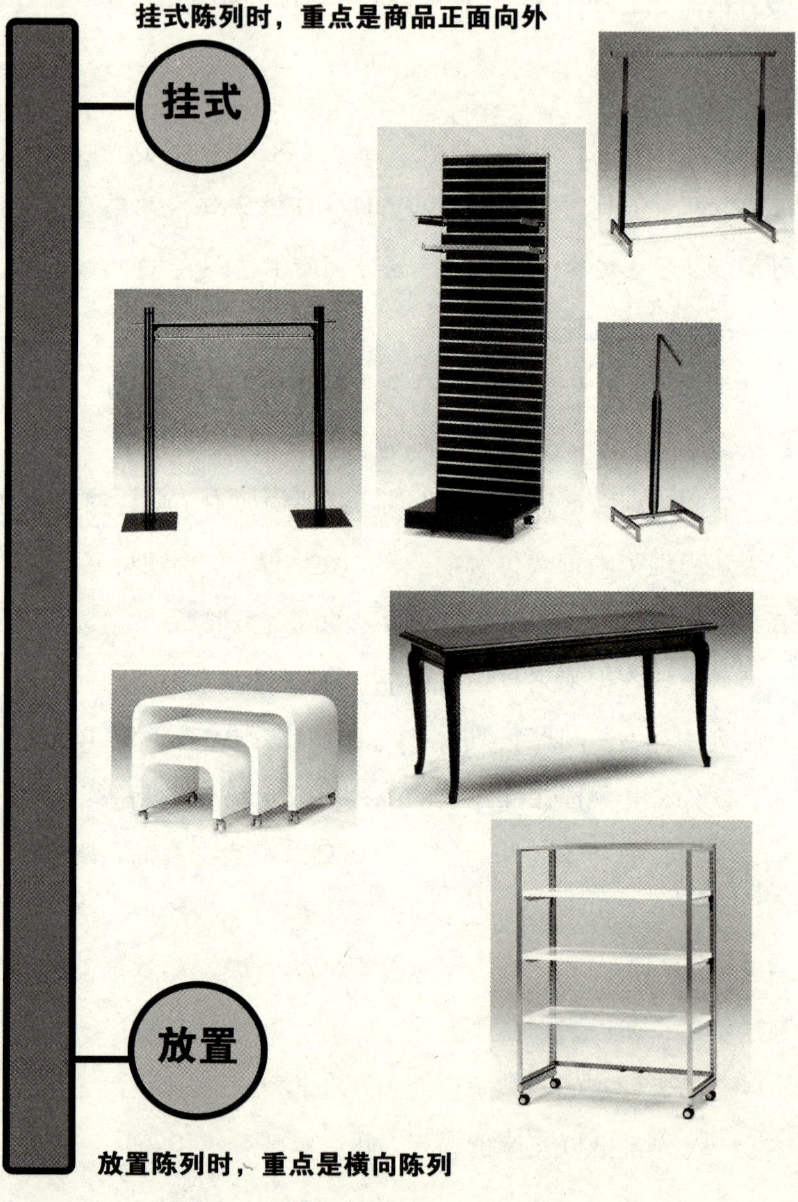

并且进行整理、整顿，注意保持与全体卖场陈列的平衡。

放置陈列

进行放置陈列时，有不同的陈列场所供选择。例如：陈列架上、展示桌上、手推车上、陈列柜中等。根据陈列场所的不同特点，放置陈列的特点以及吸引顾客的方式也各不相同。即使是单纯的放置陈列，也应当利用重叠放置、并排放置、归类放置等不同的陈列方法展开陈列。

总之，卖场是采用纵向陈列，还是横向陈列，卖场的选择不同，针对商品陈列的应对也会不同。

44 衣架陈列

将商品挂在衣架上进行陈列的方式称为衣架陈列。衣架陈列的商品种类有：衣物、生活杂货用品、寝具用品等，是卖场中较为常见的陈列方式。

进行衣架陈列时需要注意悬挂的状态。因为衣架陈列关系到顾客是否直接购买，因此店铺应当打造出便于顾客探索、购买的卖场环境。毫无疑问，衣架陈列的成功与否，将直接关系到商品的购买率。

衣架陈列应当如何展开，下文以衣物为例进行说明（图表54）。

保持三分之二的陈列数量

衣架陈列中，商品数量是问题所在。在一个衣架上进行陈列时，如果陈列数量明显超过陈列容量，那么一旦顾客拿走一件商品，送回时就不太可能放回原处。这样就会导致陈列混乱，商品价值下降，变成毫无魅力可言的杂乱卖场。当然，这也会成为顾客对卖场敬而远之的重要原因。

合适的陈列比例应当是一个衣架横杆长度的三分之二，或者四分之三。

通过正面向外的方式展现商品的魅力

正面向外的陈列商品是指衣架陈列中最前面的商品。通

图表54 衣架陈列的陈列数量与陈列方式

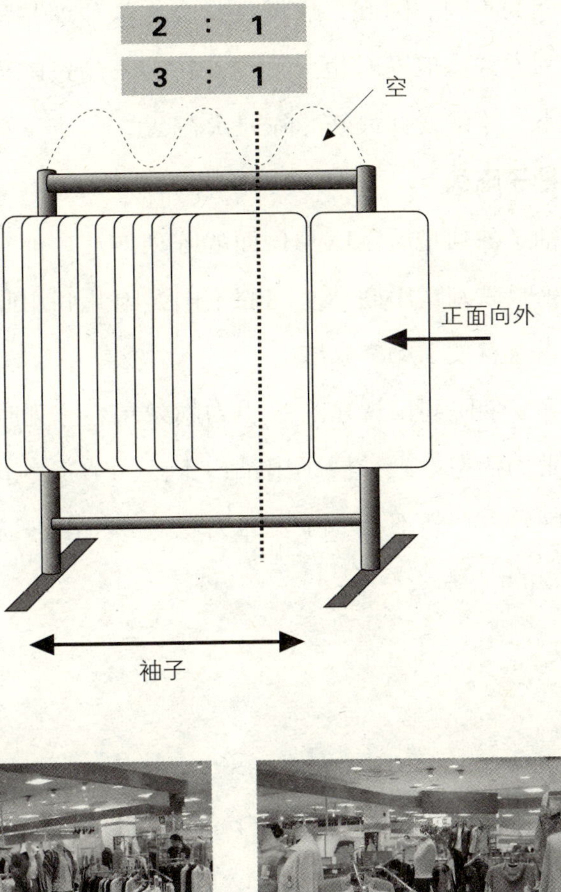

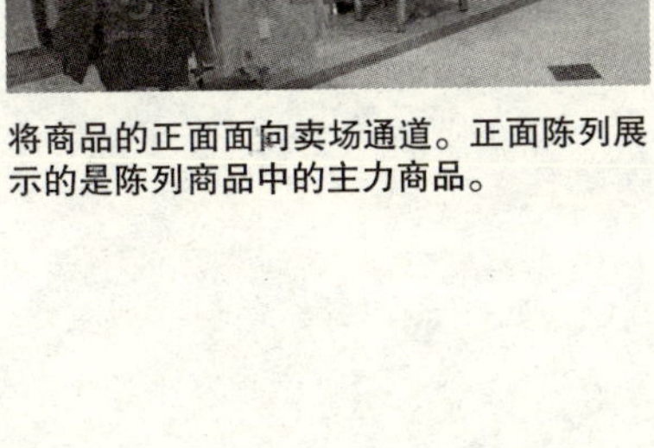

将商品的正面面向卖场通道。正面陈列展示的是陈列商品中的主力商品。

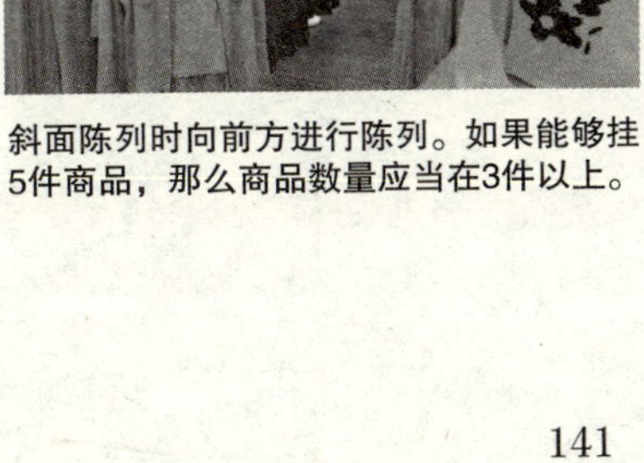

斜面陈列时向前方进行陈列。如果能够挂5件商品，那么商品数量应当在3件以上。

过将商品的正面向外，可以让顾客了解到商品的价值以及商品之间的不同。因此，店铺经常会在类似商品陈列时使用此种陈列方式。但同时也应当注意：在不超过陈列数量总数的前提下，才能发挥最好的陈列状态。

袖子陈列

袖子陈列是展示商品侧面的陈列方法。袖子陈列无法让顾客一眼就判断出商品之间的不同，因此利用此种陈列方法时应当注意便于顾客拿取。

为了使陈列呈现富有吸引力的效果，陈列时应当保持袖口下垂的状态一致，展示出袖口下垂的节奏感。而且，产品的吊牌暴露在外不利于陈列的美观，应将吊牌统一隐藏在商品衣领的内侧。

45 陈列架陈列

陈列架是放置陈列的代表。为了让放置的商品散发出吸引力，卖场应当在掌握陈列商品特性的基础上，事先考虑陈列方法等要素（图表 55）。

陈列架陈列的要点

开展左右横向陈列时，基本要点是进行更多种类商品的陈列。

但是，在同一陈列工具内陈列不同品种、不同材质、不同风格的商品时，不同商品的印象交织，不仅容易损坏商品原有的价值，而且陈列的商品也不易被发现，还会给顾客以杂乱无章之感。

因此，陈列时应当将类似商品进行概括，通过展示商品的正面，让顾客了解到商品在设计上以及颜色上的不同。

上下的纵向陈列要点是进行侧面的变化陈列，并且要按照不同尺寸展开陈列。此时，最上层陈列的商品在陈列架中层以及下层应当都进行陈列。当由于商品库存的关系不能进行此类陈列，只能陈列不同的商品时，应当根据同一风格、同一材质或者类似商品展开陈列。

店铺的陈列要点是注意全体陈列工具之前陈列的平衡。

图表55　陈列架陈列的要点与方法

◆具有代表性的陈列架陈列

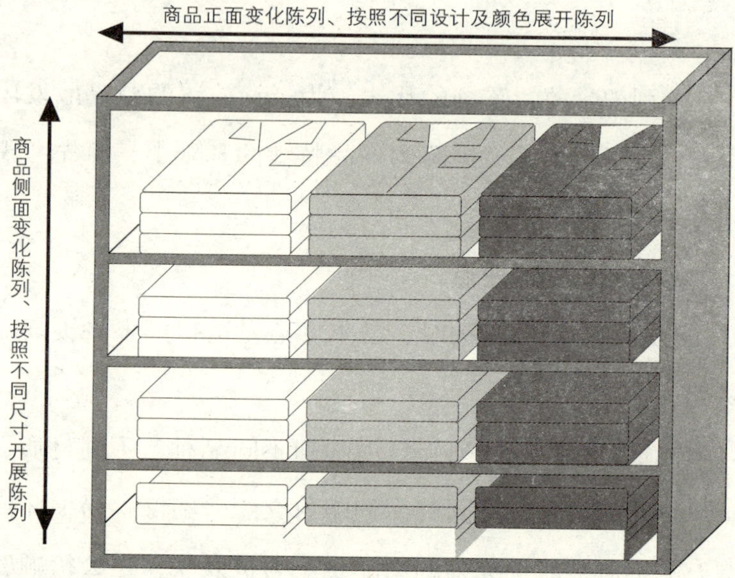

◆预留空间的要点

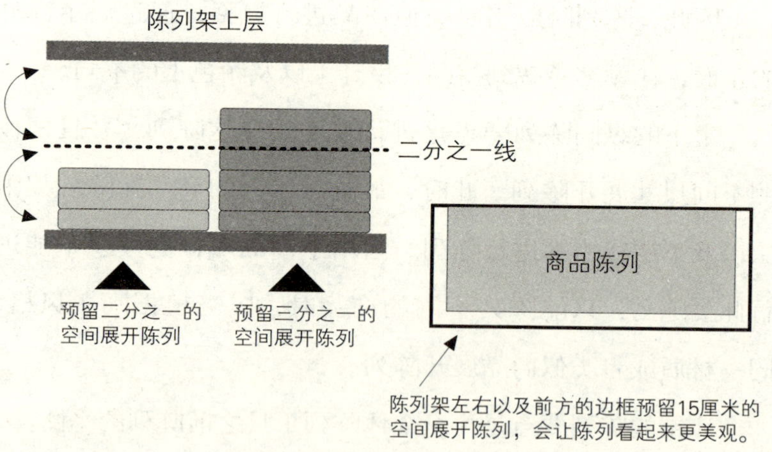

陈列架预留空间的要点

同前文提到的衣架陈列相同，陈列架陈列也需要制造陈列的预留空间，达到更有吸引力的陈列效果。

基本原则是在陈列工具总容量的范围内进行陈列。适度的预留空间是发挥陈列吸引力的重要因素。

从单纯的放置陈列到有意图的陈列都需要活用陈列的预留空间，发挥其有效性。

例如：将陈列架层与层之间的空间进行分割，在二分之一以下的空间内进行的陈列与在三分之二的空间内进行的陈列，带给顾客的陈列效果完全不同。在二分之一以下的空间内进行的陈列，是对顾客而言更有建设性的陈列。

46 陈列架陈列的模式

陈列架陈列用途广泛。其中最有代表性的陈列模式如图表56所示。

陈列架陈列有两个陈列要点：一、针对正面陈列以及侧面陈列的平衡进行设计，然后进行陈列；二、让陈列富有故事性。是否实现上述两点，决定着陈列的魅力。

墙面陈列架

墙面陈列架陈列有多层陈列、系统利用陈列工具开展的复合陈列等模式。关于多层陈列请参考前文所述。系统利用陈列工具开展复合陈列时，如图表56所示，是按照一定的陈列顺序开展陈列的。

首先，按照商品的优先级进行商品分类；其次，掌握商品的优先级别，利用墙面陈列的空间，从最有吸引力的地方开始，将分类后的产品组成套系进行陈列，通过套系商品数量的增减来控制陈列量感的平衡。陈列时，店铺应事先考虑顾客的购买行动，并以此确定组成何种套系。

岛状陈列架

岛状陈列架是四周360度清晰可见的陈列。因此，陈列时应当避免在陈列工具内部进行填充式陈列，而应当充分利

图表56　陈列架陈列的模式

◆墙面陈列架

在陈列架最上方进行总览的协调设计，在陈列架下方进行商品的变化陈列。

◆岛状陈列架

因为顾客在两个方向都能看到，所以进行岛状陈列时应当便于顾客进行探索，并且易于顾客发现商品。

◆搁板陈列架

陈列架陈列是易发现、易理解的陈列。如图所示，当有一定的陈列量要求时，陈列要点是进行整理、整顿，进行简单化的陈列。

用陈列的预留空间，增加陈列工具的展示魅力，提高卖场内的回游率。

搁板陈列架

搁板陈列架是基本的陈列架模式，因为应用广泛，所以可以用于多种商品的陈列。

此外，这一陈列能够营造出购物的轻松感，能让顾客轻松地选购商品。陈列架长度各有不同。120 厘米以上的陈列架进行陈列时，要注意开展有节奏的陈列，避免陈列的单调性。

47 陈列状态决定商品的吸引力

陈列方法不同，陈列商品的吸引力也各不相同。一般情况下，卖场都会采用将商品平均展开的陈列方式，但是这种没有变化的陈列仅是将商品放置在那里而已。

对主力商品进行集中陈列

店铺应当将主力商品作为“重点销售商品”进行陈列，并且陈列时要富有节奏性、变化性。换句话说，将商品进行集中陈列，能有效发挥陈列的吸引力。

例如：图表57中①所示，主力商品摆放醒目，并且进行了分散陈列。这样的方式很常见，而且陈列时能够通过与相邻商品的协同作用（“1+1>2”的效果），提高周边及相邻商品的销量。

但是此时，因为对主力商品的吸引力进行了分散，所以吸引力会变弱。同时，由于商品大量陈列，商品之间相互掣肘，所以商品的吸引力难以充分发挥出来。

②是将商品集中在一处进行陈列，因为集合了富有吸引力的商品，所以能量升级，商品的吸引力被渐渐发挥出来。此种陈列是卖场为销售更多的畅销商品而拟定的战略。同时，也能发挥与周边商品的协同作用，提高销量。

图表57　对主力商品进行集中陈列，提高吸引力

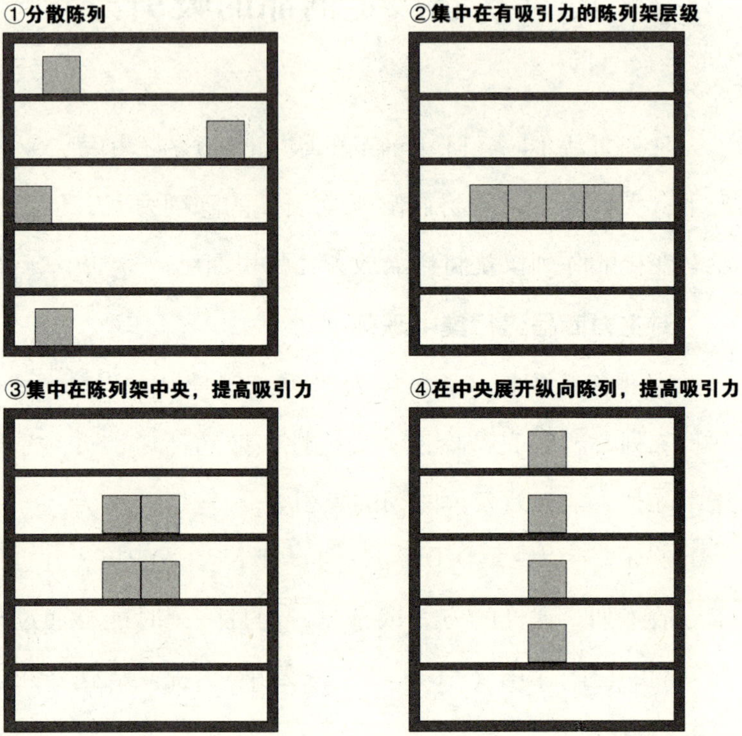

作为集中在中心进行陈列的模式，还有③④。③是横向分割陈列，④是纵向分割陈列。

③是将视线集中在中央的陈列方式。进行此种陈列时，中央主力商品的关联商品陈列顺序优于销售计划上的商品的排位。并且，卖场应将关联商品陈列在主力商品周围，在调整全体商品陈列平衡的同时，逐次开展周边陈列。这也是一种保障陈列视野开阔的陈列方法。

货架陈列时要注意货架进深

货架陈列的吸引力与以下要素密切相关：货架层级的高度、最下层的陈列状况、货架的进深。货架上层与下层没有进深差距时，视线按照图表 58 中①②③④的方向移动。

但是，当最下方货架凹进去时，视线移动如图表 58 中左图所示；当最下方的货架凸出来时，视线移动如图表 58 中右图所示。

图表58　货架陈列时的视线移动规律

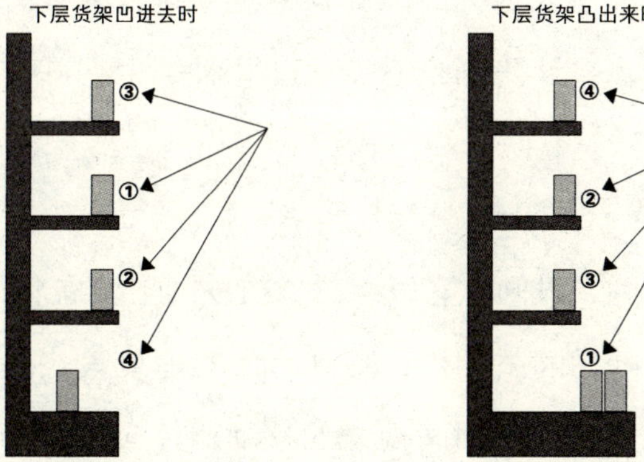

48 展示柜内部的基盘陈列及其吸引力

像珠宝店这样的店铺主要是利用展示柜进行基盘陈列的。陈列的方法不同，店铺营造出的购物氛围也完全不同（图表59）。

水平陈列

进行左右陈列，在横向上有延伸感，在纵向上没有纵深感。水平陈列是静态的陈列，因此为避免单调，陈列时应当适度设定陈列重点，让陈列富有变化。此种类型的陈列易于顾客进行商品比较。

垂直陈列

纵列进行陈列，纵向上有纵深感，在横向上没有延伸感。为避免纵向反复陈列的单调性，陈列时应当适度设定陈列重点，让陈列富有变化。纵列间视线的移动路径应便于顾客寻找商品。

垂直水平陈列

整齐的棋盘形状陈列。因为陈列整齐，所以易见、易比较，是适合打造顾客购买场所的陈列方式。但是，因为缺乏建设性与变化，所以这一陈列方式缺乏魅力。利用此种陈列方法时要注意商品与商品的间隔。

图表59 陈列构成的基本模式

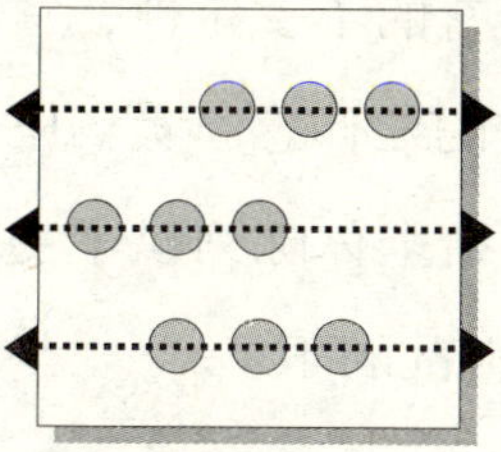

❶水平陈列

①左右成一条直线
②给人以静止不动的感觉
③易于比较商品

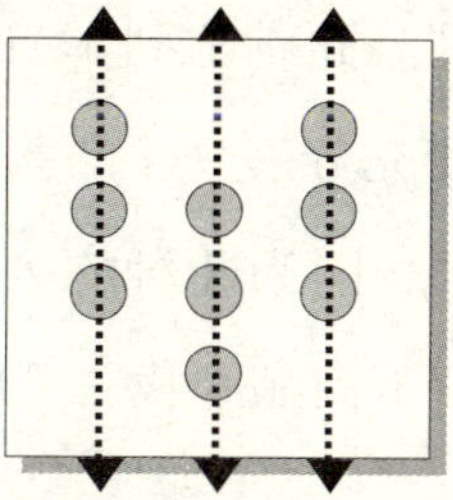

❷垂直陈列

①纵列排成一条直线
②给人重复的印象
③给人一种横向上开阔的感觉

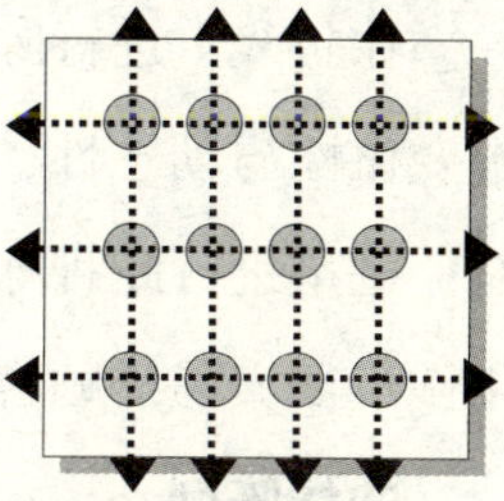

❸垂直水平陈列

①陈列整齐
②易于比较商品
③注意间隔

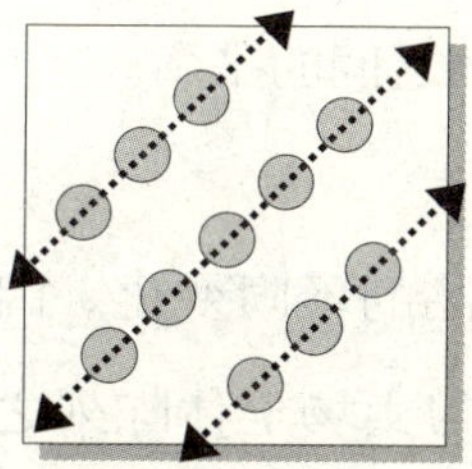

❹斜向陈列

①向上下左右四个方向扩展
②动态陈列
③变化陈列

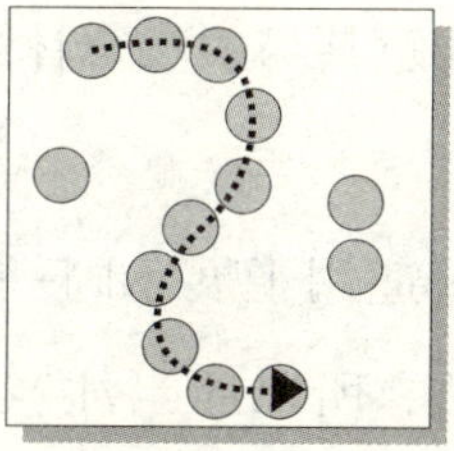

❺曲线陈列

①变化曲线
②重点突出
③注意平衡

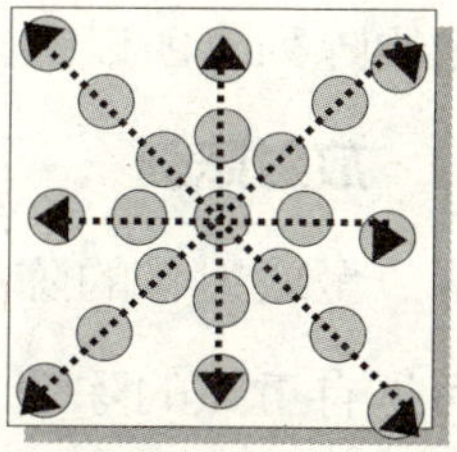

❻放射陈列

①扩展与动态
②利于视线的集中与发散
③注意平衡与用途

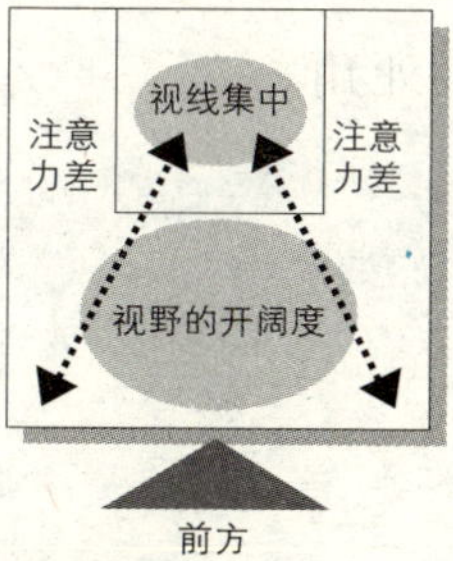

❼视点集中型

①视野呈山形逐渐开阔
②左边、右边、后方的注意力差
③视线集中在上方的托盘

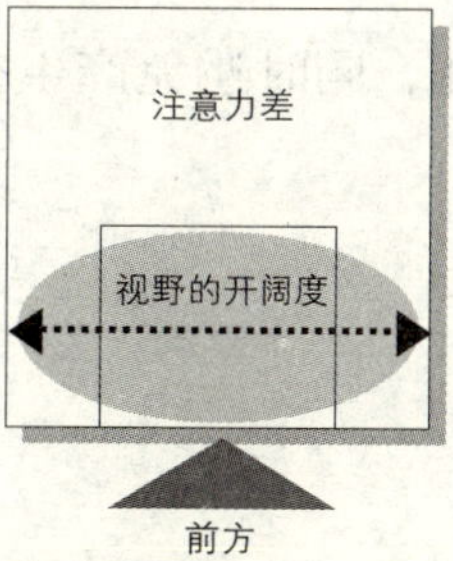

❽前方视点型

①视野在左右两个方向上延伸
②后方的注意力差
③视线集中在前方的托盘

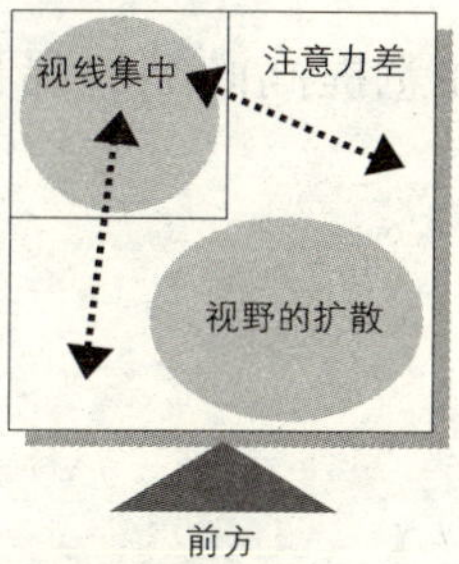

❾视点扩散型

①视野由上往下逐渐扩散
②有效利用基盘
③要注意集中顾客的视线

斜向陈列

在斜线上进行陈列。此种陈列本身具有的不安定性，富有变化性与动态性，能充分展现上下左右的延伸感。卖场应避免过量进行此种陈列，因为此种陈列会给全体陈列赋予变化性，很容易给顾客留下商品难找、摆放混乱的印象。

曲线陈列

以曲线的形式进行陈列。在富有变化的线上柔和地进行陈列，有利于提高陈列效果。同时，因为曲线陈列是富有变化的陈列，所以应当注意其与卖场全体陈列之间的平衡。

放射陈列

呈放射状的陈列，适用于展示同一商品的不同变化。因为是有重点的陈列方法，所以应当注意其与卖场全体陈列之间的平衡。

图表 59 中的⑦⑧⑨是在基盘陈列的基础上放置小型托盘进行陈列的情况。考虑到小型托盘的摆放位置，陈列时应当注意提高商品的易见性，同时避免产生空间死角。

49 展示桌、平台陈列的基础

由于展示桌、平台陈列的便利性、普及性高，因此在打造卖场时经常出现。但需要注意的是：如果一味注重这种便利性，就会忽略陈列的诉求目的、卖场购物氛围的打造等要素。

用途不同的平台陈列法

①仅用于向顾客提供建议的商品推荐展示，追求与其他陈列的差异化，在卖场内展开陈列。

②推荐展示与陈列相组合时，店铺应挑选出代表性商品，采用集中视线并富有魅力的陈列方法。此时，应将后面的商品制造出高度，以引起顾客的注意。当设置一个吸引点时，应将制造出的商品高度置于展示桌、平台中央；当设置两个吸引点时，应制造出吸引点的高低差，以此赋予陈列变化性。

③仅进行陈列时，明确商品区分，以便于顾客理解并寻找商品。陈列应当井然有序，这样更利于提高商品的附加价值。

注意商品的陈列数量

①与②共同的注意要点是：陈列时不能将商品堆满展示桌，而应当在前后左右预留出适当的空间。具体的预留数值

请参考图表 60。当展示桌正面的宽度是 1200 毫米，进深是 900 毫米时，前后应当预留 45～55 毫米的空间，左右应当预留 100 毫米的空间，这样会让陈列更加整齐、美观。

图表60　展示桌、平台陈列的预留空间

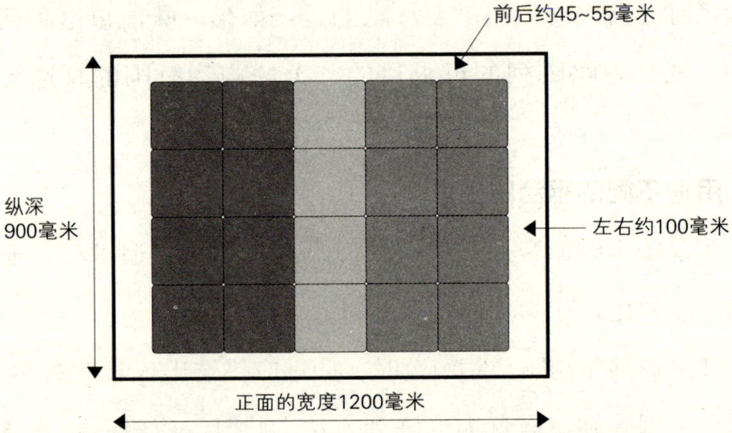

放置的重复商品数量也应当适度，请参考图表 61。采用放置陈列的陈列方式时，b 所指数量能够适度呈现出商品的量感。a 因为陈列数量少，所以会让顾客感觉商品陈列单薄，不愿进行购买。如 c 所示，当商品数量超过适当的数量时，其商品价值反而会降低。

当在展示桌、平台上添加小型展示桌时，卖场应避免对小型展示桌进行延长陈列，而应将其作为下层代表性商品的推荐展示平台。此时，作为增加陈列量感的“底台”应当布置成坛状平台，呈现易发现、易寻找的陈列状态。

图表61　展示桌、平台陈列的要点

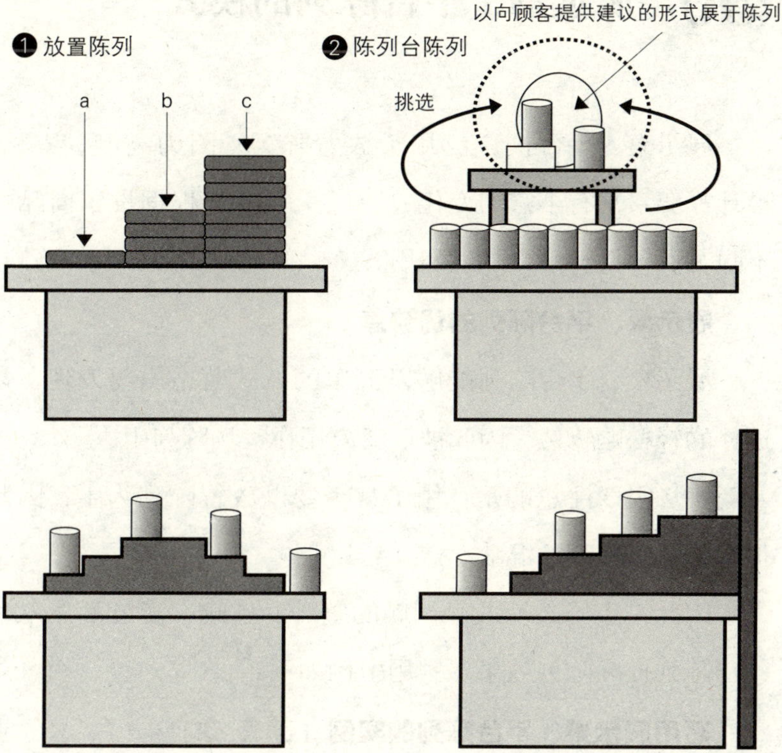

50 展示桌、平台陈列的模式

展示桌、平台被广泛用于放置陈列。因为高度、素材、设计等要素富有丰富的变化，所以卖场需要根据推销商品的不同对展示桌和平台加以利用。

展示桌、平台陈列的优缺点

展示桌、平台陈列能够以简单的方式营造出易发现、易选择的轻松购物感，因此被广泛应用在卖场陈列中。

卖场需要注意的是：由于其主要以放置陈列为主，因此很容易引发陈列的混乱。

因此，卖场必须进行彻底的整理、整顿，通过活用立体山形陈列提高陈列效果。实用事例如下。

活用展示桌、平台陈列的实例（图表62）

①时尚店铺的岛状展示桌

因为呈岛状，所以陈列时要便于顾客从四周观察、拿取商品。此时，可利用人体模特展示代表性商品，引起顾客的注意；同时，要在其周围展开陈列，打造出商品的量感、丰富感，并且展示出顾客探索的乐趣以及购物的轻松感。

②橱窗展示

利用双层展示桌进行充分展示。因为卖场可以利用双层

图表62　展示桌陈列中的商品推荐与展示架陈列

❶ 模式

岛状展示桌的使用模式。

❷ 模式

通过双层展示桌展示商品变化的模式。

❸ 模式

通过平台的山形陈列打造商品量感的模式。

展示桌向顾客进行推荐、建议，吸引顾客的目光，所以双层展示桌最适合体现商品的变化性，并以此向顾客提供建议。如图表 62 所示，利用后面的躯干性衣架展示衣服与配饰的协调性，能够有效吸引顾客。

③食品生鲜卖场的果实专柜的陈列

通过立体山形陈列将果实的新鲜色泽展示出来，增加商品的量感，打造出商品丰富的陈列感，是具有吸引力，陈列效果更好的平台陈列实例。此时，根据平台的底部处理方法不同，打造出的商品感觉也不同。例如，在现在平台周围设置类似的商品陈列虽然能够制造出陈列的丰富感，但陈列的质量会陡然下降。因为展示更多的商品会削弱商品对于顾客的吸引力。

51 端架陈列的基础

端架陈列是指利用陈列工具的两端位置展开陈列的方法（图表 63）。

端架陈列的集视要点

端架陈列与陈列工具的内部陈列相比，位置更明显，因此对顾客也更有吸引力。店铺应灵活运用端架陈列，将陈列工具内部的代表性商品挑选出来，打造成引起顾客注意的吸引点。

端架陈列的主要模式如下。

①展开变化的陈列模式

将陈列工具内部商品的变化展示出来，挑选出顾客关心的商品、能够轻松购买的商品等进行陈列。

②展开推荐展示的陈列模式

挑选出陈列工具内部陈列的代表性商品，将商品的使用价值以推荐展示的形式展现出来。如果是流行时尚的店铺，应当设定一个情景，然后按照这个情景对商品进行整体搭配，推荐给顾客。

③展开“展示场所”与“购买场所”的陈列模式

灵活运用展示柜等陈列工具，是在超市等店铺中常见的

图表63　端架陈列的基本

◆端架陈列的主要模式

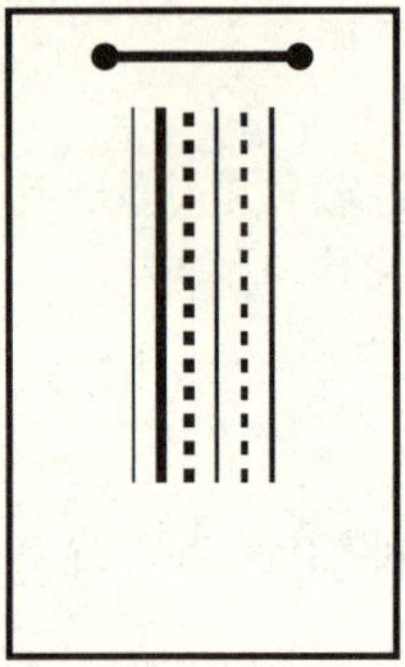

❶展示变化

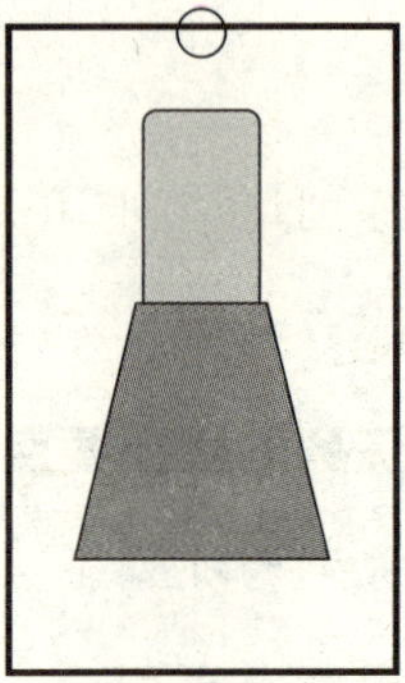

❷推荐展示

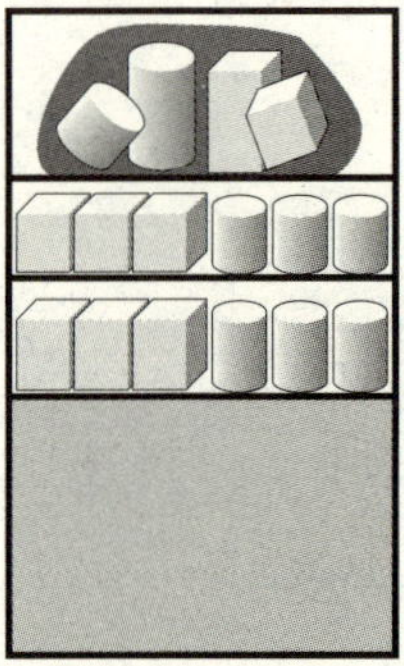

❸展示场所、购买场所

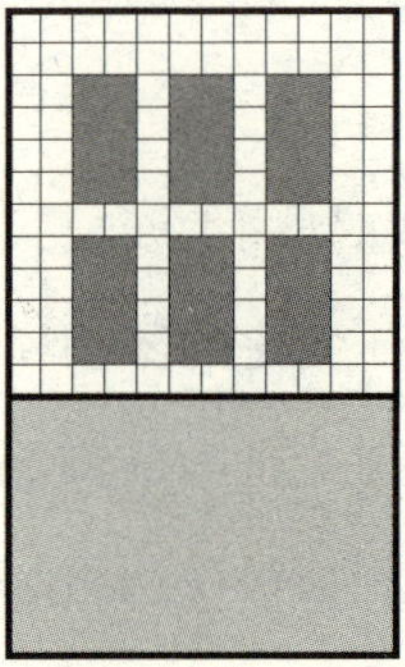

❹购买场所

◆根据商品特性选择的端架陈列位置以及相关陈列架的位置

商品特性	端架陈列	展示架展示
毛利率高的商品	推荐展示	上层
目标是提高销量的商品	量感陈列	集中在中层
回转率高的商品	量感陈列	中层、下层
畅销商品	量感陈列	中层、下层
高单价商品	整理、整顿陈列	上层、中层
拥有品牌力的商品	推荐展示	上层、中层
广告、促销的对象商品	结合POP进行陈列	集中在中层

陈列模式。将展示柜最上方打造成展示场所，展现商品特性；在展示柜下层对此商品进行多数量陈列，唤起消费者的购买欲望。此时，卖场应当同时陈列相关商品，以提高顾客的购买单价。

④展示“购买场所”的陈列模式

展示更多的商品，唤起顾客的购买欲望。此时陈列的商品应当是顾客能够轻松购买的商品。换句话说，就是陈列价格便宜的商品。但需要注意的是，卖场需要对陈列进行整理、整顿，避免产生廉价感。

有效利用端架陈列的方法

端架陈列能够吸引顾客的视线，因此应当利用这一点，在端架陈列能够吸引顾客眼球的商品。

店铺可用以下措施有效利用端架陈列：利用需求量高的商品提高回转率；陈列利润更高的商品；以激活陈列商品的特性为目标；利用受关注商品、季节性商品吸引顾客的注意，同时合理设计顾客的行动路线。

52 端架陈列的模式

端架陈列的模式会根据陈列工具的形状与位置、顾客的行动路线方向等发生变化。下文就三种具有代表性的端架陈列进行阐述（图表64）。

岛状陈列工具的端架陈列

岛状陈列工具的高度不同，其用途也不同。利用高度超过150厘米的岛状陈列工具开展端架陈列时，基于端架本身的独立性，陈列时应当注重其与陈列工具内部商品的关联性，同时发挥自身的独立性。

利用高度在150厘米以下的岛状陈列工具开展端架陈列时，顾客能够把握整个商品陈列的状态。因此，端架陈列应当打造出与周围陈列的一体感。换句话说，从360度任何一个方向进行观察，陈列的商品之间都有关联性。如图表64所示，整个陈列都是关联商品陈列，商品陈列统一，顾客能够轻松购物。

突出墙面的陈列工具的端架陈列

陈列时应当以正面为基点，同时将这一基点打造成吸引顾客的地方。面向通道的一侧为正面，陈列工具内部的商品陈列面向正面分别放在左右两侧。如果左右两侧的陈列商品

图表64　端架陈列的推荐模式与陈列模式

利用岛状陈列工具进行端架陈列的模式。顾客能在360度内随意行动，陈列时没有空间浪费。

利用挂钩进行端架陈列的模式。陈列时通过展示商品正面吸引顾客，打造出轻松购买的购物氛围。

利用堆积陈列打造出商品量感的陈列模式。

是在这一区域内进行的集中陈列，那么即使陈列的是关联性不是很强的商品，陈列时也没有违和感。端架陈列要求商品的正面面向通道，这一位置是非常重要的陈列场所。

堆积、富有量感的端架陈列

这种陈列是食品超市或者自选超市等常见的陈列方式。端架陈列可与堆积陈列相结合，打造出商品陈列的量感。

商品的量感能够起到吸引顾客的作用，因此应当陈列冲击力强、诉求内容明确的商品。

如图表 64 所示，利用饮料、酒水的瓶子进行堆积陈列，既能打造出价格优势，也能吸引顾客统一购买。

53 陈列工具的种类

与陈列商品意图相符的陈列工具

陈列时，利用什么样的陈列工具与想要打造的陈列效果密切相关。

如果使用与陈列商品意图不符的陈列工具，那么不但会降低陈列商品的价值，还会降低顾客的购物欲望，最终影响店铺的销售额。

例如：展示贵金属的卖场，适合利用雅致的木质陈列工具，而不适合白色木质的轻便陈列工具。为使店铺与区域卖场的整体风格统一，需要慎重考虑使用的陈列工具。

实际的卖场打造以及内部装修时使用的陈列工具一般是特制的，租赁的陈列工具一般用于展示流行性强的商品的店铺、短期的货摊、临时的区域卖场、展示会等。

图表65中虽然没有进行介绍，但是陈列工具也分为系统组装的陈列工具、系列工具等。店铺可以将现有的陈列工具进行细微加工，打造出独特性，在不花费成本的前提下展开陈列。使用陈列工具是卖场打造的必要环节。

重视陈列工具的新鲜度

陈列工具是直接与商品接触的，因此陈列工具本身必须

图表65　陈列工具的种类

木质的展示柜

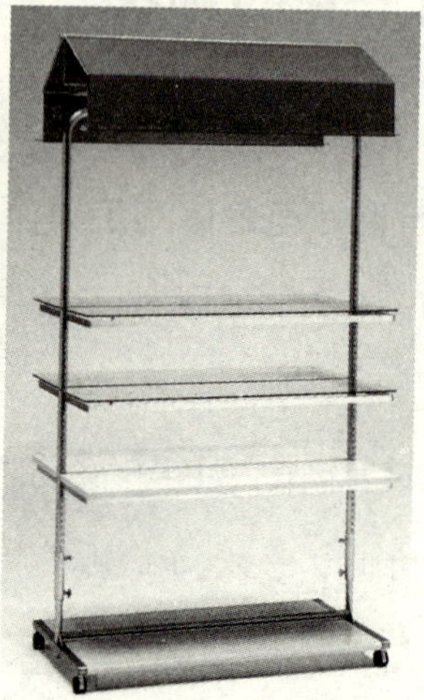

有顶棚的手推车型展示柜

手镯、手表的陈列工具

白色展示柜

白色与木质的展示桌

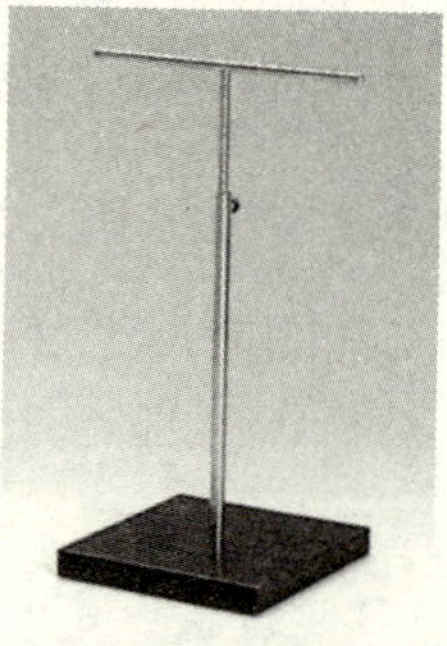

T型陈列工具

折叠展示桌

保持新鲜度。胶布痕迹、灰尘、虫蛀、生锈、缺角、弯曲、摇晃等都会降低商品价值，因此要避免使用此种陈列工具。

陈列工具的销售与租赁由专门的制造厂商、商业设施企业负责。企业不同，其设计的特征和感觉也各不相同，店铺可以按照自己的使用目的加以利用。

在下订单或者租赁使用前，可以在网络上查询相关企业的基本情况以及商品介绍，同时也可以向相关企业申领产品目录，讨论后再做决定。

54 按照商品的生命周期进行陈列

商品有产生、成长、衰弱、消亡的周期，也叫做商品的生命周期。根据商品的周期阶段，卖场开展陈列时应当进行适当的调整。

图表66用曲线表示了商品的生命周期。如①所示，此曲线常出现在人气商品、预热的季节性商品中，从引入店铺到最终进行处理的生命周期相对较短，这种单一周期的商品很多。②是必需品的生命周期，下文针对②进行说明。

（1）导入前

在讨论期，参考销售政策后再决定是否导入商品。如果是自家店铺开发的商品，可以在正式上市前进行销售测试。

（2）导入期

利用店头的重要场所进行商品介绍。为了给顾客留下良好的印象，应当开展具有明确商品理念的、极具吸引力的视觉演示陈列（VP）。

（3）成长期

商品处于成长期时，店铺应适当扩大卖场面积，并将其定位为固定的畅销产品。店铺应持续向顾客宣传该商品，在执行销售计划、促销计划的基础上选取适当的时机，展开富

图表66　按照商品的生命周期进行陈列与卖场打造

	周期	商品定位	销售体制	卖场打造
导入前		新商品导入	试验销售	商品内容的检查
导入期	❶	将新商品放在店头	作为重点商品进行标注	在区域卖场与店头利用视觉营销展开陈列
成长期		成长商品	扩大商品的正面陈列，展现商品冲击力	在区域卖场开展展示场所、购买场所的陈列
		必需品		合理利用PP与IP打造卖场
		高利润商品		
兴盛期	❷	价格竞争商品	逐步缩小正面陈列	利用IP提出商品诉求
衰退期		薄利商品		展开促销；注重品质、降低价格
处理期		售罄商品	售空、卖空	以保持商品魅力与降价为中心，在区域卖场展开陈列

有魅力的陈列。

（4）兴盛期

兴盛期意味着商品即将进入衰退期。为了延续商品的兴盛期，店铺需要和成长期时一样，有效利用卖场。某一时期，销售额将面临上升难的困境，这意味着此类商品市场的成熟。能够灵活掌握这一时机也是店铺销售计划的重点。卖场打造时，此类商品会成为价格竞争的对象商品，因此卖场应当逐步强化商品的辨识度，确认是逐渐缩小卖场面积还是重新变更陈列位置。

（5）衰退期

为了展开促销，店铺应当展现出打折的冲击力。此时店铺应当凸显商品的优良品质，并以将商品售罄为目标进行卖场打造。

（6）处理期

打折促销时，如何将商品销售一空是重点。此时，卖场应当从一般卖场过渡到以打折商品为主力商品的卖场。虽然是打折促销，但店铺仍应在注意店铺形象的前提下打造卖场。

55 生活日历与商品展示

商品展示最基本的要点就是着眼于顾客的生活。

无论什么样的商品，都是与人们的生活有所关联的。是生活必需品，还是能够让人们在生活中更开心的商品？商品的特性不同，其与生活的关联性也有所差异。店铺可以利用商品与生活方式的关联，向顾客提出合理的建议。

从日历中捕捉顾客的生活（图表 67）

将日历中的月份活动反映在卖场陈列中。设想顾客的生活方式，然后进行组合。例如：在制订企划之前，要事先调查目标顾客群拥有怎样的喜好，他们在生活中会如何利用自己的时间。这样就能明确目标顾客群的生活方式，以此确认店铺的风格。通过调查总会有出乎意料的发现，甚至会出现与常识相违背的信息。

无论是生活习惯还是节日，不同年龄段的顾客的接受度也不同。因此，店铺应当以目标顾客群的年龄段为基准展开陈列。

生活方式的表现分类（图表 68）

卖场进行生活方式的展现时，需要以陈列主题为基础，从生活层面与感觉层面出发进行陈列设计。

图表67　生活方式的表现

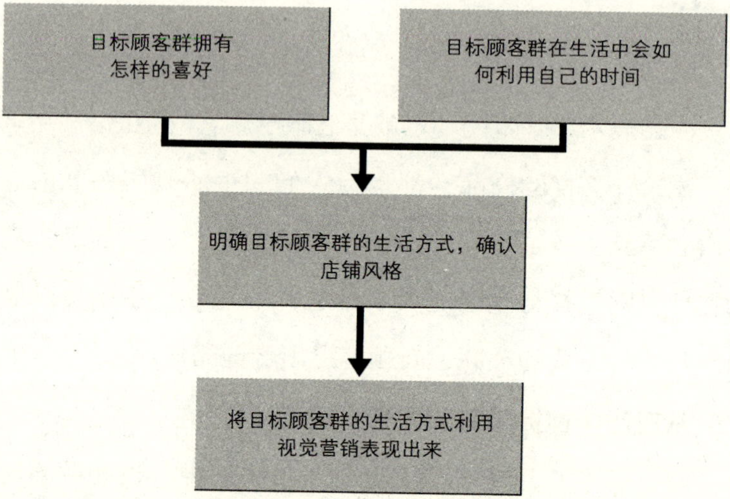

图表68　生活方式的表现分类

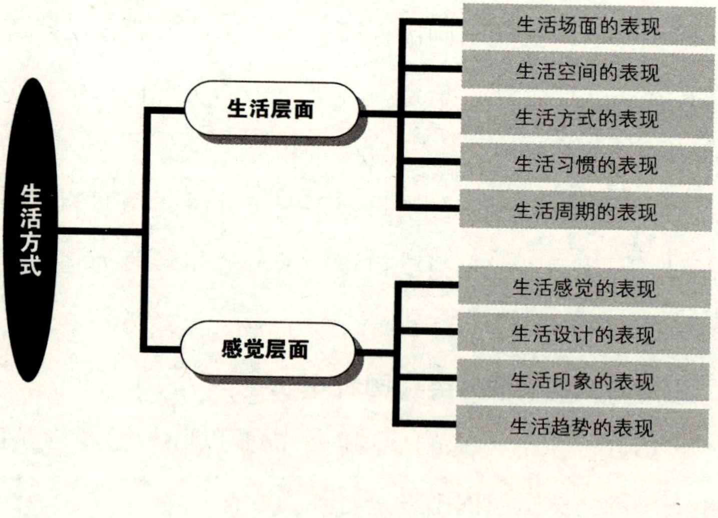

①生活层面

卖场需要探讨以下问题：生活场面应当进行怎样的设定？生活空间是怎样的？这是否与人们的生活习惯相关？商品是否流行性很强？

②感觉层面

确认目标顾客群是先行型、追随型，还是革新型，以此进行店铺理念的设定。店铺应以此为基础，强化陈列的表现力，进行陈列设计。

56 生活方式的表现顺序

将日历转换成生活

在人们的生活中，每个月的生活方式各不相同。有的是根据季节、气候确立的生活方式，有的是根据当地的风俗习惯、家庭以及社交需求确立的生活方式。卖场应当将这些生活方式添加到生活日历中，按照月份把握目标顾客群的生活方式，并将其灵活运用到商品政策、销售计划、促销计划和卖场打造中。

换句话说，生活方式日历是打造卖场时重要的“病历本”。但是，想在当今的成熟社会中完全把握人们的生活方式是不可能的。

店铺所在地的气候、习惯、人口构成不同，顾客的生活方式也不同。

此外，根据不同的业种、业态，生活日历也会发生变化。关于本月卖场应当如何运营这一问题，店铺应当从“病历本”出发，在诊断当月健康状态的基础上开展具体的运营。

卖场进行生活方式建议的步骤（图表 69）

卖场应当如何向顾客进行生活方式的建议？各店铺要根据自己不同的情况进行卖场的打造。

图表69　卖场进行生活方式建议的步骤

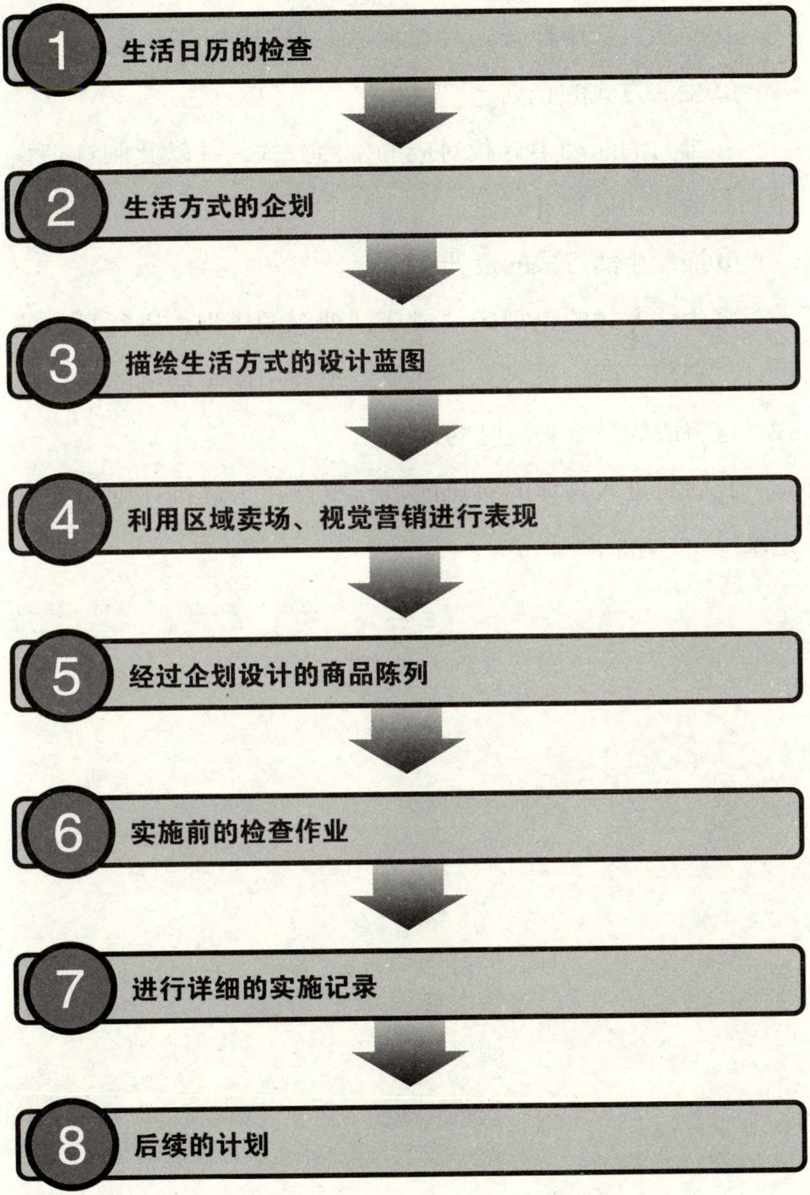

①生活日历的检查

在生活日历中检查当月的活动，挑选出相关商品。

②生活方式的企划

在当月的活动中寻找对应的生活方式，并以此制订销售企划和商品的促销计划。

③描绘生活方式的设计蓝图

将生活方式的企划定位成店铺理念的表现，进行具体的设计。利用图画进行表达，并要重视利用便于理解的表现形式。这将成为后续实施时的指南。

此后将进入具体的实施阶段，重点在于进行详细的实施记录。

57 陈列工作的重点

商品陈列作业从清扫开始，也从清扫结束。美观的陈列如果落上灰尘，或者有脏污的地方，都会让商品的价值减半，让顾客怀疑店铺的士气不足。

陈列工作大致可分为推荐作业与陈列作业，作业内容各不相同。

陈列作业应当在充分认识作业目的的基础上进行。首先应当在作业前确认陈列场所，因为不同的陈列场所吸引顾客的内容也不相同。例如：陈列场所是入口、店铺正中心、店铺内部、还是展示桌？是采用岛状陈列，还是舞台陈列？在陈列架的上层、中层，还是下层进行展示？

推荐作业要表现出店铺理念

推荐作业如图表 70 所示的顺序进行。推荐作业时，如何向顾客提供建议是关键。所谓推荐，是店铺理念的体现。而且，店铺理念的内容确认也是重要的作业内容。

有推荐相关的作业指导时，推荐作业应该按照指导进行。如果店铺没有相关指导，那么需要从如何将店铺的理念传达给顾客这一基本问题出发进行思考。

利用推荐工具与小道具时，避免过度装饰，实现陈列美

图表70　推荐作业的顺序

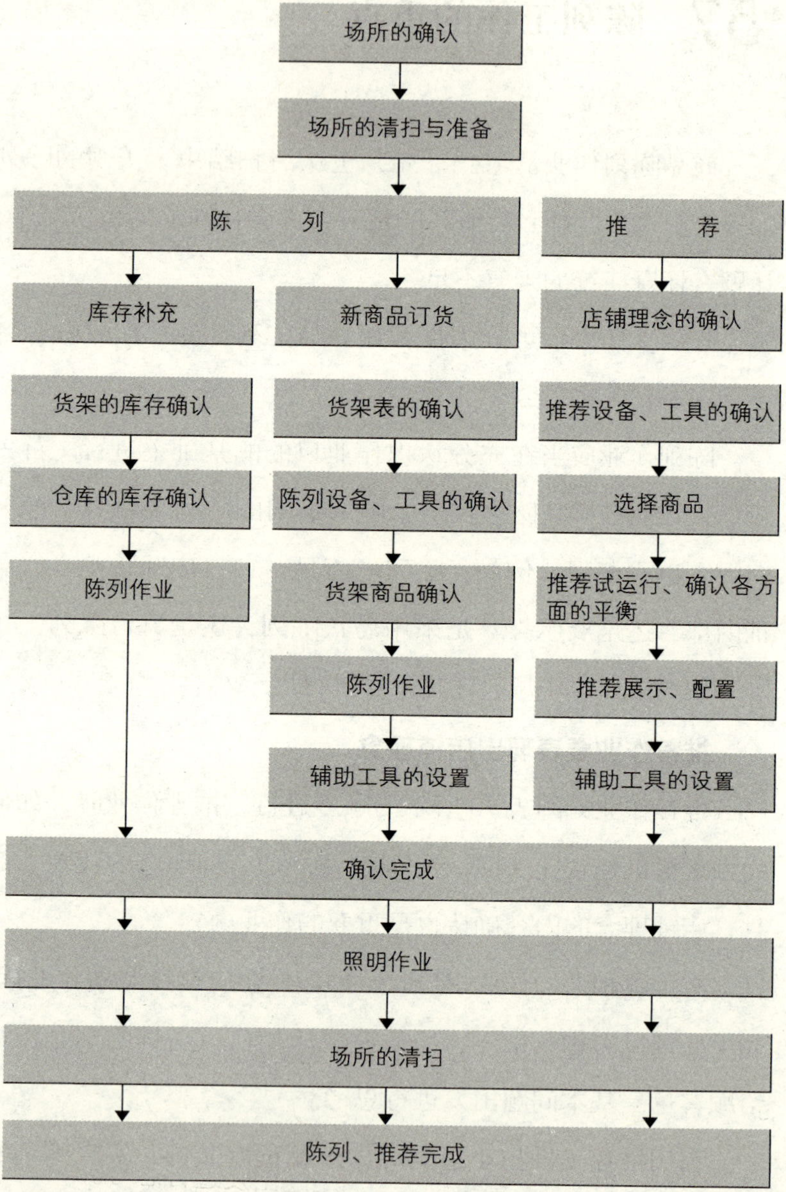

观即可。

利用补充商品与新商品进行差异化陈列

陈列作业包括已导入商品的库存补充与新商品的导入，作业方法也有所区别。

进行补充商品陈列时，应进行库存数量的确认。此时不仅要将商品补充至最低陈列数量，而且要在确认目前商品陈列状态的同时，注重把握上下左右的正面陈列之间的平衡。

导入新商品时应当选择恰当的时机。同时，应当利用大量的正面陈列打造出冲击力，并且有效利用与整体陈列架以及周围陈列的联系。当店铺有相关的指导时，按照店铺的要求实施即可。

58 陈列与 POP 的关系

POP 广告（Point of Purchase Advertising，以下简称 POP）是为了实现顾客顺利购物，由店铺提供帮助，并且实施“无言的”促进销售的措施。店铺需要注意以下几点。

POP 设置的要点

①设置在适当场所

将商品放置在易发现的正确位置。面向正面以右下方为基准点。

②适量设置

店铺设置过多的 POP 易导致陈列商品隐没其中，不易被顾客发现。同时，店铺陈列的目的不是 POP，而是商品本身。POP 的尺寸也应当考虑广告商品本身的尺寸，店铺应当设定规定尺寸。如果能严格遵守规定尺寸，卖场内 POP 的使用就能统一起来，让陈列看起来更规范、更美观。

③内容准确

卖场应当确认 POP 的内容是否有错，表现方式是否有误，确保宣传内容与商品相符合。POP 内容的表达方式要简明、清晰、完整。

④设置在适当时间

明确 POP 的设置日期。如果已经过期的 POP 仍然在店铺内进行展示，会让顾客认为店铺人员工作没有干劲儿。

通过以上措施适当控制并利用 POP，可以打造出方便顾客购买的卖场环境。

POP 的种类（图表 71）

POP 种类繁多，广义上可分为针对卖场环境进行的标识性 POP、表现商品特性的 POP 等。

①卖场分类的标识

用卖场位置指引、专柜指引、商品位置指引等标志物标识卖场相关位置。

②促销 POP

购买时提示必要的折扣，标识广告用品、购买优惠、促销等信息。

③信息 POP

标识商品内容等相关的商品信息。例如商品内容、使用方法、用途建议等。

④服务 POP

店铺提供的服务以及通知等。标识信用卡使用说明、休息日具体营业时间，以及多种其他服务信息。

图表71　POP的种类

展示卡
食用方法的建议
展示卡
搭配建议
海报
表现出商品的季节感以及氛围
摇动POP
吸引顾客
重点
天花板POP
宣传活动
告知降价信息
春季
大促销！
密封贴POP
宣传活动
¥650
¥750
¥550
价格标签
价格吸引
话题
图书
看台POP
展示卡
商品的介绍
告知商品要点
新发售
POP看台
利用纸质看台展开主力商品的相关宣传活动
旗子状POP
宣传活动
地面贴纸POP
宣传活动、店铺主题活动

59 POP 的制作与使用

POP 在以下场合有使用的必要。

①顾客经常询问的问题

如果顾客在店铺反复询问同一问题，那么店铺需要利用标识进行相关说明，以保证信息统一、准确。

②用语言表达容易出错的信息

对于事情构成复杂，语言表达错误容易引起重大事故，或者伴随相关风险的信息，店铺应当标识出来以规避风险。

③新商品、季节性商品

关注度高的商品、购物意愿强的商品，均应利用 POP 告知顾客。

④使用方法不易理解的商品

商品用途或者组装方法不易理解时，为有效传达商品价值，提高商品使用效果，店铺应当进行相关信息的标识。

⑤广告宣传的商品

广告宣传的商品辨识度高，利用 POP 进行宣传，能够吸引更多的顾客。

⑥有必要反复进行说明的信息

提请注意、避免产生错误的相关信息。

除以上基本功能外，POP 还可以用来标识价格，宣传商品的特性、效果、功能等。

通过管理系统保持一致性（图表72）

店铺应当有一套完整的 POP 执行体系，显示从 POP 制作到在店头进行设置的信息。这样既便于店铺进行 POP 管理，又能够在利用 POP 进行宣传的同时，保持表现手法、设计、使用上的一致性。如果制作时由不同的单位执行，由不同的负责人负责，那么管理就会产生混乱，POP 的使用就会出现不一致，最终造成 POP 的使用杂乱无章。

在制作 POP 时，为了更高效利用 POP 的宣传价值，首先应当在店铺内部建立 POP 的管理系统。并且，制作时应当配合相关的销售计划。店铺应避免在卖场内进行无章可寻的 POP 制作，这是卖场混乱的元凶。

POP 的控制需要有专人负责，建议由卖场内负责展示的视觉营销协调人来担当。当然，市场上也有专门进行 POP 制作的团队，以及能够简单操作的电脑软件，店铺可以加以利用。

图表72 POP的管理系统与模式

◆POP的制作

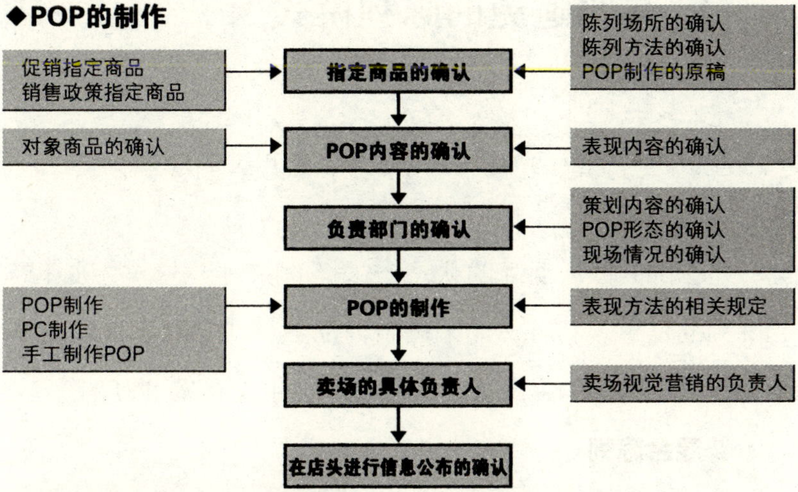

◆商品陈列与POP展开的模式

❶ 展示桌POP

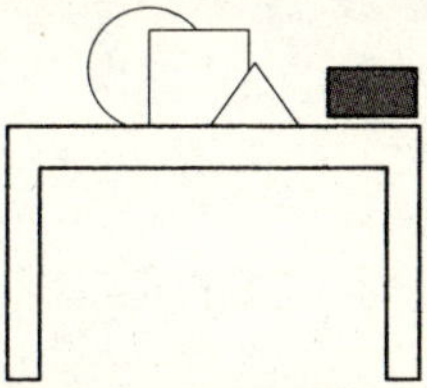

❷ 衣架POP

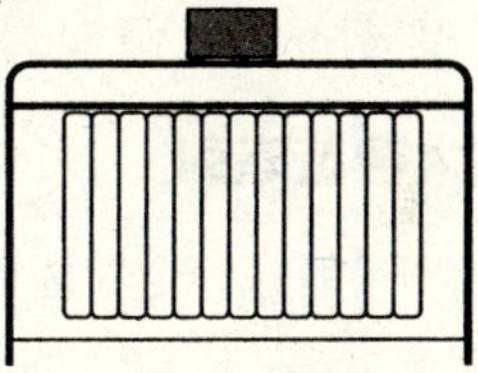

❸ 陈列柜POP

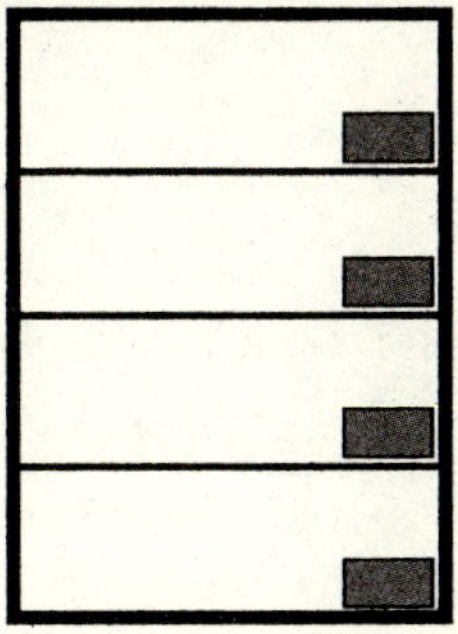

❹ 展台POP

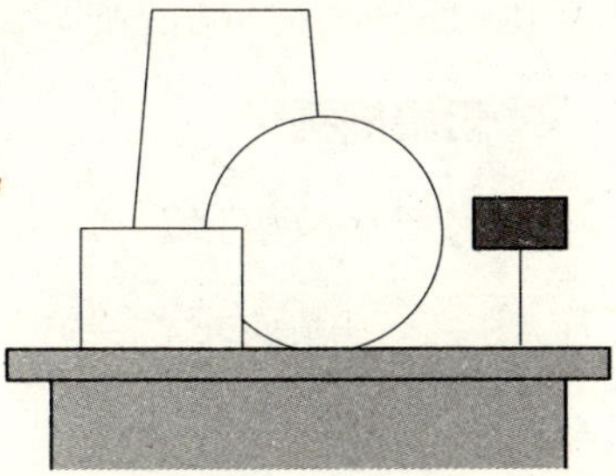

60 应当避免的陈列模式

开展陈列时应当避免的陈列模式如下（图表73）。

①异列陈列

是指陈列数量混乱的状态。这样的陈列状态容易破坏商品陈列的量感。同时，如果剩余商品数量少、商品脱销，陈列商品就不易被顾客发现，同时对顾客也没有吸引力。

②混合陈列

是指同一陈列范围内，混合多个品种商品进行陈列的状态。这样的陈列给人一种数量多又复杂的感觉，而各品种商品混杂也会降低对顾客的吸引力。

③大容量陈列

是指陈列数量超过陈列容器或者陈列工具的最大容积的陈列状态。这样的陈列状态容易给人一种廉价感。虽然这样的陈列有时候能够打造出轻松感、亲切感，但是陈列的混乱最终也会造成卖场的混乱。

④粗暴陈列

如果商品被粗暴对待，那么顾客对于这家店的服务态度、工作态度、商品质量都会产生怀疑。店铺应从日常入手，认真对待每一件商品，并在此前提下开展陈列。

图表73　应当避免的陈列模式

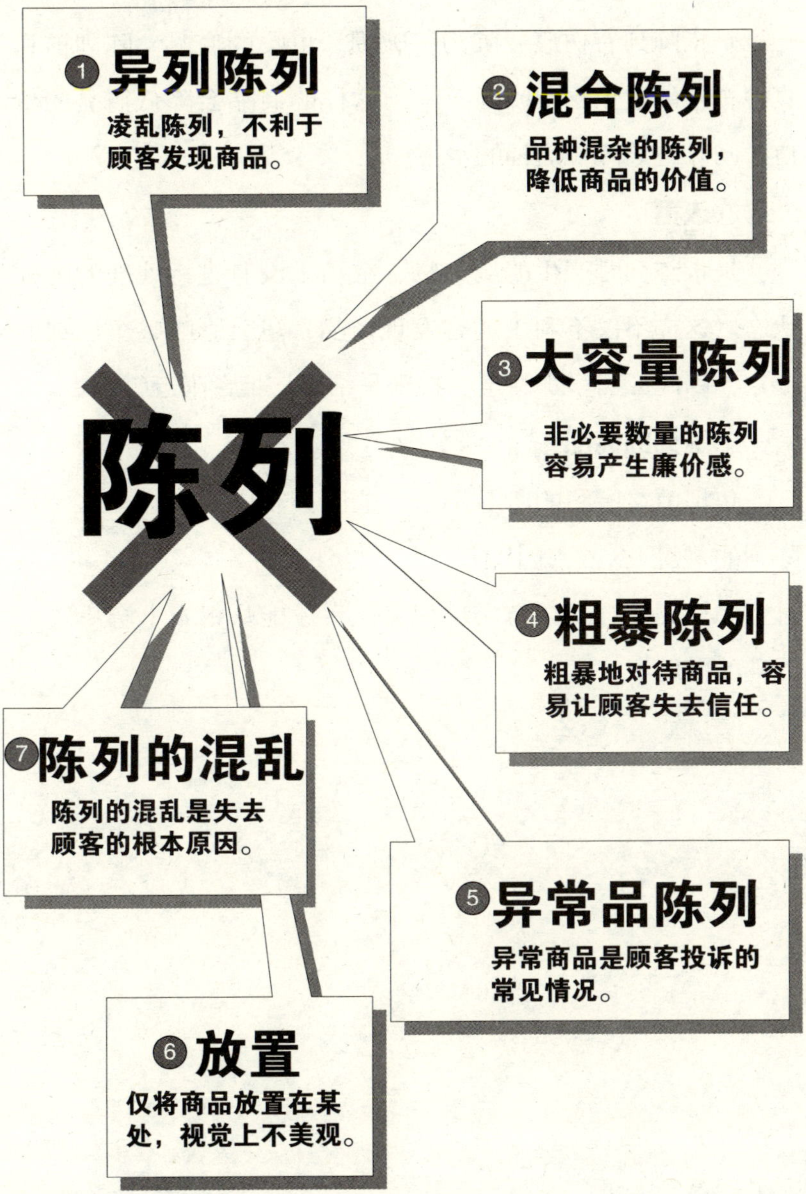

⑤异常品陈列

是指陈列有伤痕、脏污、破损、虫咬的商品。陈列前认真检查就能避免这一问题。陈列这样的商品会降低商品的价值，同时也会降低店铺的水平。

⑥放置

是指陈列时产生的废弃物、空箱子没有进行处理的陈列状态。这样不仅不利于顾客发现商品，还会影响整个店铺的形象，因此应当多加注意。特别是结账、柜台附近等地点。

⑦陈列的混乱

包括前文所述的所有不恰当的陈列状态。店铺应当实现陈列的规范化，指定由什么人，将什么商品，在什么时候，进行怎样的处理。只有实现规范化，才能从根本上解决陈列混乱的问题。

61 陈列的应对

陈列商品多种多样，陈列的方法也各不相同。

陈列中并没有绝对禁止的陈列类型，正因如此，经常会有人烦恼：如何才能更好地展开陈列？根据陈列的情况不同，一般都会在取得一定平衡的前提下展开陈列。

如图表 74 所示，纵列表示的是陈列模式，横列表示的是陈列位置。

陈列的基本规则

陈列的基本规则为：上下陈列时从上到下进行；前后陈列时从前往后进行，在深处陈列库存；左右陈列时，左侧陈列主力商品，依次往右视线移动。以上是陈列的基本位置。根据卖场以及顾客的行动路线不同，情况也会发生变化，因此卖场应当设定基本的规则，以此展开整个卖场内部的陈列，并保持陈列的统一。

下文将就卖场应当尽量避免的陈列模式进行说明。

尽量避免的陈列模式

①同一商品的陈列过长

如果同一商品的长度是 1.3 厘米，不加陈列变化，持续利用同一陈列模式展开，就会导致陈列单调，降低对顾客的

图表74　陈列的应对

陈列模式	上方陈列	下方陈列	前方陈列	后方陈列	左侧陈列	右侧陈列
大商品 小商品	小商品	大商品	小商品	大商品	小商品	大商品
高、低	低的商品	高的商品	低的商品	高的商品	低的商品	高的商品
坚硬材质 柔软材质	柔软材质	坚硬材质	柔软材质	坚硬材质	柔软材质	坚硬材质
重的商品 轻的商品	轻的商品	重的商品	轻的商品	重的商品	轻的商品	重的商品
厚商品 薄商品	薄商品	厚商品	薄商品	厚商品	薄商品	厚商品
季节商品 基本款商品	季节商品	基本款商品	季节商品	基本款商品	季节商品	基本款商品
新商品 老商品	新商品	老商品	新商品	老商品	新商品	老商品
大花纹 小花纹	小花纹	大花纹	小花纹	大花纹	小花纹	大花纹
深色 浅色	浅色	深色	浅色	深色	浅色	深色
长商品 短商品	短商品	长商品	短商品	长商品	短商品	长商品
粗商品 细商品	细商品	粗商品	细商品	粗商品	细商品	粗商品
暖色、冷色	冷色	暖色	冷色	暖色	冷色	暖色
单品、复合品	单品	复合品	单品	复合品	单品	复商品
细条文 粗条文	细条文	粗条文	细条文	粗条文	细条文	粗条文
价格	低额商品	高额商品	低额商品	高额商品	低额商品	高额商品
购买频率	高频率	低频率	高频率	低频率	高频率	低频率

吸引力。卖场可以通过合理的措施改善陈列状态，增加变化，例如：调整陈列架每层搁板之间的高度；利用长陈列柜时，设立分割区等。

②商品种类繁多，陈列缺乏平衡

这种情况下，店铺没有陈列的指导理念，这样的陈列容易让店铺沦为平常杂货铺一般的卖场。虽然看起来像是什么商品都有，但是顾客什么都不想买。所谓商品种类繁多，是指店铺凭感觉来进货，导致卖场内部放置了很多商品。

此时，为了成为有销售主张的店铺，卖场应当在确认店铺理念的基础上将商品进行分组、汇总，然后再进行陈列。此外，店铺应将不能进行分组的商品处理掉，注重陈列必要商品。

第5章

商品推荐的方法

62 商品推荐的必要性

单调的商品陈列不能打造出富有魅力的卖场。在富有建设性、有魅力的卖场中，商品推荐必不可少。商品推荐不是单纯地进行产品陈列，而是通过向顾客提供建议进行推荐，引起顾客的注意。有效利用商品推荐，是提高卖场效率及营业额的重要因素（图表 75）。

基于店铺理念的商品推荐

商品推荐之前，必须首先确定“店铺想向顾客传达什么”，即店铺的理念。是基于店铺理念的商品推荐，还是偶尔想出来的计划，并以此进行的商品推荐？经过时间的考验后，两者之间的巨大差距会显现出来。

那么，如何构建店铺的理念？首先要设定一个主题，在这一主题的基础之上进行企划，设计出一套向顾客询问“这个商品如何”的推荐流程，并通过视觉营销将其中的理念表现出来。

考虑顾客的生活方式

在设定商品推荐的主题时，首先需要确认目标顾客群的生活方式，并以此来进行主题的设定。同时，需要就陈列商品与主题之间的关联性进行探讨。探讨的内容如下：在日常

图表75　商品演出的思路

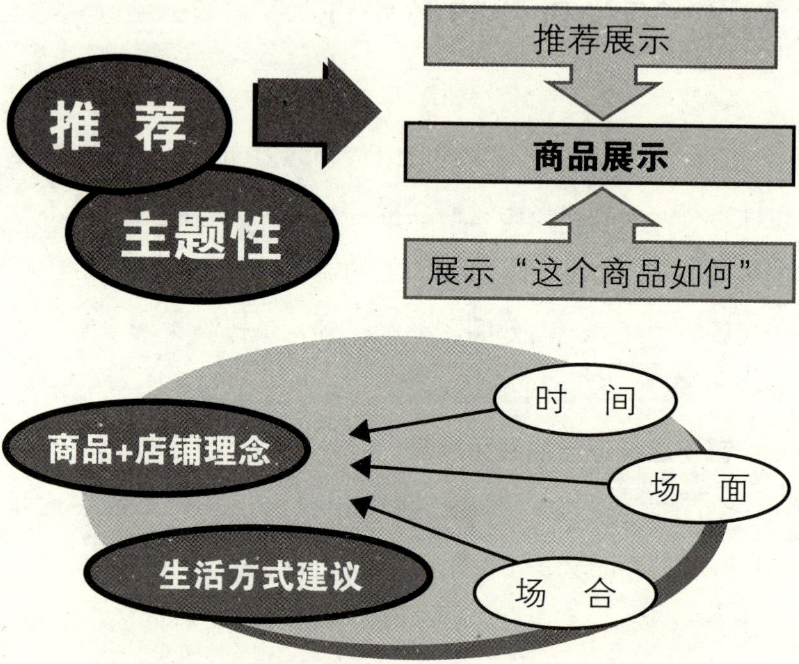

在富有推荐性的展示中，要点是明确店铺的理念。

利用梦幻般的场景将故事性展现出来。
看到这一场面的人会不自觉地被吸引。

利用屏幕上显示的生活方式吸引顾客。

生活中，顾客使用这一商品的时间是什么时候？能发挥这一商品效果的场面是什么？在什么场合需要这一商品？

展示场所的推荐左右整个卖场

卖场由展示场所、探索场所、购买场所构成。展示场所的推荐如果能在整个卖场内发挥效果，那么其周边的陈列也会受到影响。为什么这样说？因为“展示”是与“魅力”密切相关的。

为了实现更有魅力地展示，店铺应当明确主题，并将之与店铺理念紧密结合起来。其中，视觉表现是重点。

63 商品推荐的要点

商品推荐时，为将吸引要点充分表现出来，需要事先进行检查。为实现更有效的展示，店铺应当灵活运用 5W1H（图表 76）。

①什么（what）

是指对象商品。即：重点销售商品、品牌商品、促销活动商品等富有主题性的商品。组织表现内容时，应当设定主题，并且明确销售点是什么。

②什么时候（when）

是指展示期间。确认什么时候开始，什么时候结束。设定期间并确定内容，以便在此期间内发挥出最大的吸引力。具体来说，对于季节感、生活推荐、新闻性强的商品，店铺都需要追求时效性。

③什么地方（where）

是指展示场所。是展示在店铺橱窗、卖场舞台、区域专柜，还是靠墙壁的展示架？不同的展示场所的表现方法也各不相同。

为了发挥商品推荐的效果，卖场需要事先确认陈列场所的空间以及周边环境。

图表76　商品推荐的5W1H

什么	WHAT	主题性的确定。 重点销售商品的明确。 促销要点是什么?
什么时候	WHEN	实施机构的设定。 打造出季节感。 与生活行动的关联性。
什么地方	WHERE	展示场所。 不同场所的不同展示。
向谁	WHO	吸引什么样的顾客? 明确通过设计什么样的生活方式吸引顾客。
为什么	WHY	为什么要买这个商品? 购买需求的明确化。
怎样做	HOW	商品如何吸引顾客? 利用什么样的销售方法? 卖场应当如何打造?

④向谁（who）

是指对象顾客。在组织商品推荐时，要明确顾客对象的生活方式，并且利用设计表现出来。

⑤为什么（why）

为什么是这个商品？为什么这样展开陈列？为什么这样做是必要的？陈列时需要反复确认上述问题，明确店铺的理念、陈列根据和目标。

⑥怎样做（how）

指如何宣传商品。其中也包含具体的商品数量的确认、商品推荐的准备方法、销售模式，以及全体卖场的配合。

64 视觉营销推荐中魅力十足的展示方法

视觉营销能起到视觉冲击力与引起顾客注意的效果。视觉营销会让看到的人感到心情愉快，并且产生跃跃欲试的感觉与期待感。有时视觉营销也会带有很强的新闻性，给顾客带来强烈的视觉冲击力（图表77）。

视觉营销的表现注重整体协调性的平衡、色彩的平衡和构成技术的平衡。

整体协调性的平衡

掌握整体协调性的平衡的要点是把握顾客的生活方式，收集能最大限度体现这种生活方式的素材，然后开展陈列。当视觉营销比不上顾客本身搭配的整体协调性时，卖场不能半途而废，而要更加努力地开展注重整体协调性的陈列。

色彩的平衡

色彩是一种吸引力很强的要素。视觉营销推荐中的色彩平衡控制会影响整个店铺的购物环境以及卖场的整体色彩。因此，为更高效地控制视觉营销中的色彩平衡，店铺应整体把握店铺、卖场、商品、陈列、展示等多个要素的平衡。

构成技术的平衡

视觉营销有多个构成模式，此处仅就代表性的模式进行

图表77 视觉营销推荐实例

进行了家中场景的展示，简单而富有吸引力。

进行了家庭聚会场景的展示，传达出愉悦的心情。

进行食品丰盛、色彩鲜艳的场景展示。

说明。

①人体模特构成

人体模特本身就带有一种独特的感觉，并能将其中契合店铺陈列理念的部分有效展示出来。图表 77 表现出了圣诞节的家中气氛。

②展示桌构成

展示桌是场面表现中重要的道具。利用展示桌开展视觉营销时应当追求整体的效果。

③表现食品新鲜度的构成

商品的感觉、使用商品的情景、意想不到的素材等，视觉营销能够利用这些要素表现出食材的新鲜感与丰富感，提高商品的价值。

65 推荐作业的规则

推荐作业应交由专业人员，或者卖场负责人进行。下文就推荐作业时，专业人员使用的工具和材料进行介绍。

这些工具并不是必需的，但是如果有了这些工具，推荐作业的准备工作会更轻松一些。

卖场推荐作业使用的便利工具（图表78）

①珠针

珠针常用在丝绸制品上，与针插同时使用。

图表78　陈列工具

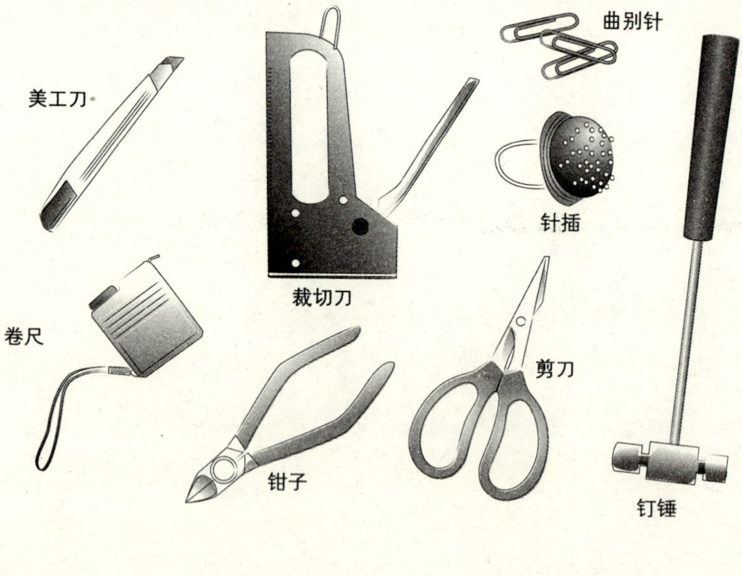

②裁切刀

用来切断。

③钉锤

用于轻巧、小型的物体。钉锤手柄长度以使用便利为宜。

④鱼线

利用鱼线将商品吊起来，让陈列充满变化。根据不同的号数，鱼线的粗细不同。一般情况下常使用 2 号和 3 号，吊较重商品时使用 5 号，吊较轻商品时可选用 2 号以下。

⑤夹子、橡皮圈

不能使用珠针进行固定时，利用夹子、橡皮圈进行固定。

针活、成形加工的方法（图表 79）

推荐作业中常会用到布艺加工。针活是布艺加工中的一种方法，能使布面呈现出立体形状。

如图表 79 所示。

①是以 A 为基点，从 B 点往 C 点捏褶，折成四分之一圆。最后整理褶皱，利用珠针固定。

②是以 A 为基点，从 B 点往 C 点捏褶，折成二分之一圆。最后整理褶皱，利用珠针固定。

进行商品展示时，应当展示出商品最美丽的一面。将商品最美丽的一面展现出来所做的工作就是成形加工。

例如：手提包的成形加工一般是在内部填塞纸团；在衣服的内部及衣袖处填塞纸，也会让衣服有立体感。填充时要注意纸团是否外露，避免硬质纸本身的折痕影响商品表面的美观。

图表79 针活、成形加工的方法

◆针活

①

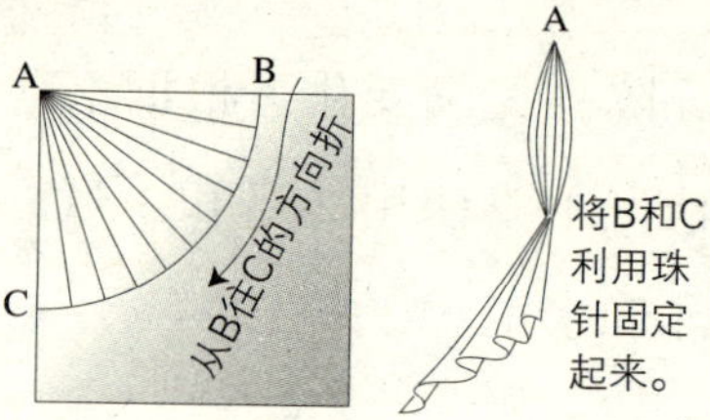

折成四分之一圆，就
能呈现一个美丽的悬垂状。

②

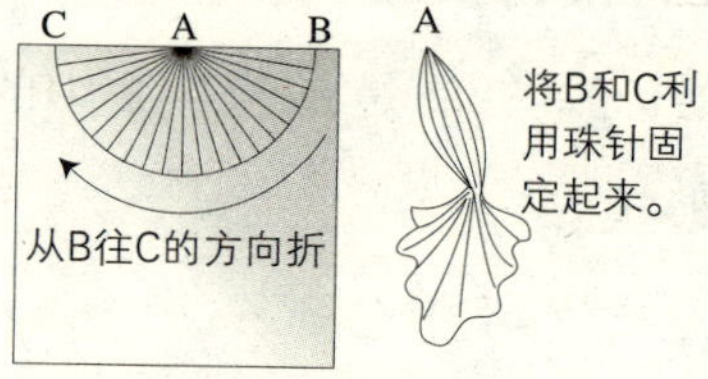

折成二分之一圆，与①相比，做
成的悬垂状更有重量感。

◆成形加工

在商品内部填塞纸，使其呈现立体形状。

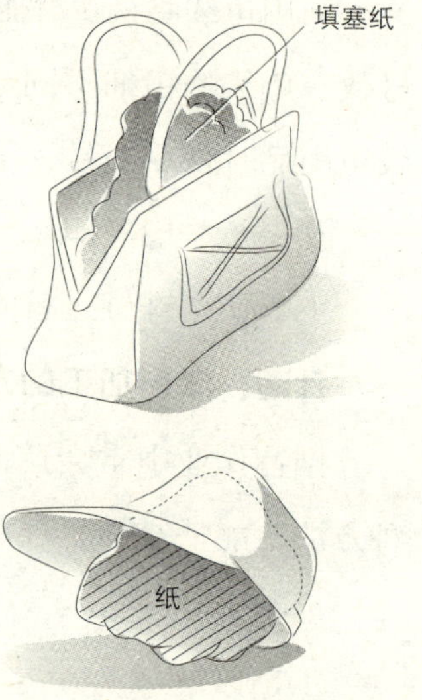

66 陈列场所的推荐、MD 的手法

利用商品推荐，打造出富有提案性的卖场。作为推荐的主角——商品的表现手法将在后文详述。本节就交叉销售推荐、主题性推荐的方法进行说明。

交叉销售推荐（图表 80）

交叉销售推荐是在千篇一律的陈列状态中，通过陈列相关关联商品给区域卖场带来变化，以此盘活整个卖场的方法。

例如，进行食品销售时，可将会用到锅的食材全部拿出来，围绕锅开展主题陈列；进行杂货销售时，可以自主选择

图表80　交叉销售推荐

打破千篇一律的陈列状态，集中陈列主题相关的商品，开展宣传活动。

在一个盒子内进行商品统一的轻便搭配，展现协调性。

以锅为主题，追求陈列的统一性。

为主题将商品进行集中陈列。交叉销售时需要注意以下几点。

①用途相同、用途相关的商品要进行集中陈列；

②陈列食品时，与菜单有关的周边商品要进行集中陈列；

③与目标顾客群的生活方式相关的商品要进行集中陈列；

④促销计划以及店铺活动中提到的商品要进行集中陈列。

主题性推荐（图表81）

决定商品推荐的主题后，开展陈列的推荐内容会更加明确，进而成为打造卖场的关键所在。

图表81　主题性推荐

设定主题，并将这一主题利用视觉营销的方式表现出来。重点是如何将主题的理念传达给顾客。

在桌子上，以锅为主题展开陈列。

时髦且富有变化的陈列。

设定主题的实例如下：

①利用季节感方面的主题宣传季节性强的商品；

②利用生活习惯方面的主题宣传商品；

③利用新商品主题进行宣传；

④利用新企划进行宣传；

⑤利用生活推荐进行宣传。

设定主题实际上就是明确表现内容与陈列目的。主题确定后，构建内容也相对更容易一些。

主题明确的商品推荐能明确地将陈列表现的内容传达给顾客。

67 能够迅速完成的、美观的陈列模式

商品推荐中并没有“必须这样陈列”的规则。自由开展也无可厚非。但这样的自由有时候反而会浪费时间。如果能将陈列的构成模式进行归纳总结，那么按照这些模式开展，商品推荐会进行得更加轻松。下文就代表性的模式进行介绍。

①三角形模式（图表 82）

按照三角形构成的陈列。从正面看，依次是高、中、低。从上面看，是后侧、中侧、前侧形成的三角形。三角形模式因为底边长，所以陈列有安定的感觉，而高度、纵深的相同也给陈列带来了变化。综上所述，三角形模式是富有变化的、高效的构成方式。

图表82　三角形模式

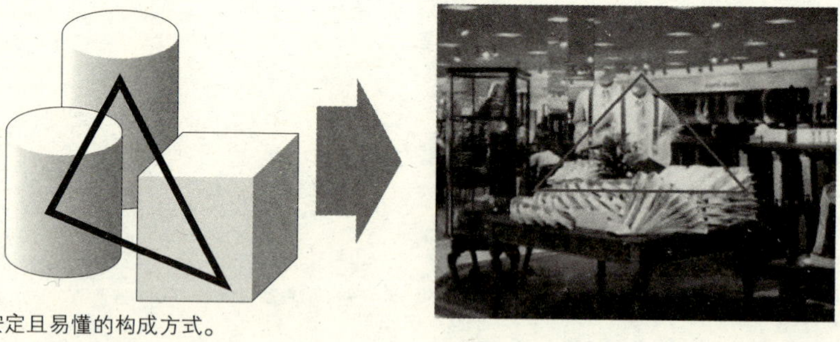

安定且易懂的构成方式。

②重复模式（图表 83）

决定一个模式后，重复这一模式展开陈列。重复构成适合狭长的、广阔的陈列空间，适合在展现商品变化时使用。

例如：陈列出同一设计的不同颜色；同一风格的变化；同一风格中材料、颜色的变化等。

图表83　重复模式

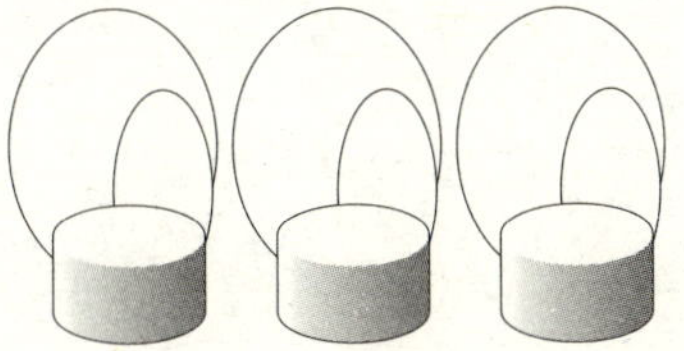

利用有节奏的重复商品陈列表现商品的变化性。是一种便于比较、便于选择的构成方式。

③对称性模式（图表 84）

左右对称的构成方式。对称性构成广泛应用在以下商品推荐中：展示关联商品的变化性；通过关联商品的集中陈列，

图表84　对称模式

易发现、陈列意图易传达给顾客的构成方式。

利用交叉销售的方式展开陈列。

此外，打破左右对称模式的方式被称为“非对称模式”，在不同时机时使用能够表现出构成方面的变化性。

无论是何种构成模式，店铺都需要注意“吸引点”与“平衡”。所谓吸引点就是能够将顾客视线集中起来的场所，店铺需要在卖场内设定这样的点，并以此为中心展开陈列。

68 如何提出设想

组织理念

陈列商品确定之后，接着就是组织陈列表现的理念。所谓推荐，就是将理念以视觉吸引为中心表现出来。

理念的组织方法多种多样，但前提都是充分把握陈列商品的内容。在此基础上再考虑如何将商品应用在顾客的日常生活中，如何发挥商品的效用，满足顾客的需求，使陈列商品成为有价值的商品。换句话说，就是设想需要契合顾客的生活方式。下文就如何组织理念进行举例说明（图表 85）。

①某件陈列商品会在顾客日常生活中的什么场合下使用？如何才能发挥出乎意料的商品价值？店铺从以上多个角度出发进行讨论，组织新的设想。

②利用联想发散式思考，从与顾客生活方式有关的诸多生活舞台到相关材料等，开展具体的设想。

③请参考图表 85 下方的生活方式设想的区分，认真思考如何根据顾客的生活方式对商品进行区分才能得到更多顾客的支持和青睐。

④挑选出目标顾客群支持的理念，并以此为主题，利用视觉吸引的方式表现出来。

图表85　设想的实例

●利用联想发散式思考使生活方式的推荐设想不断膨大。对一开始的设想进行提炼，并用视觉推荐的形式表现出来。

◆欧式餐具与玻璃制品的搭配

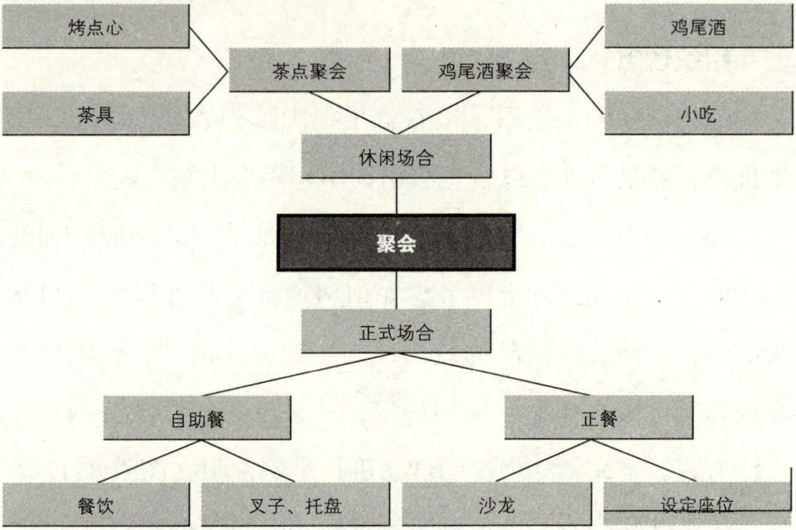

◆生活方式设想区分

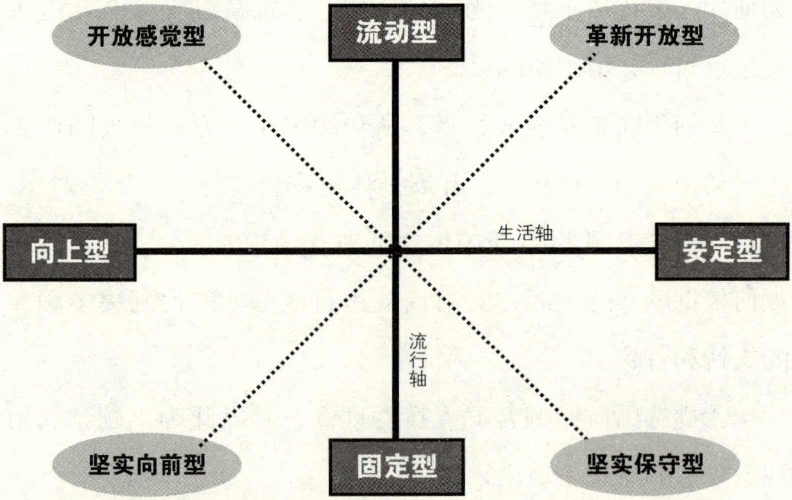

通过描绘将设想具体化

⑤进行相关设计时，不仅要用脑思考，还要在纸上或者电脑上将想法描绘出来。这样做便于探讨这一表现形式是否能准确地将店铺理念传达给顾客。利用描绘出的事物将设想具体化时，设计的重点不是描绘水平的高低，而是能将描绘出的内容准确地表现出来。

⑥设计图是将想法统一起来进行表现的事物。同时，设计图也可以作为反省资料使用。工作要分给几个人负责，或者需要别人协助时都可以使用设计图。

69-1 利用推荐小道具进行陈列的方法

为了在商品推荐中将理念更好地传达给顾客，需要灵活运用小道具、相关材料等，进行合适材料、合适场所、合适数量的陈列。

商品推荐的材料自身的特性以及感觉需要与商品保持一致，而后加以利用。下文就主要使用的小道具进行举例说明（图表86）。

人体模特与躯干雕像

在表现衣服的着装感、追求整体搭配性时，常会使用人体模特、躯干雕像。可以根据各种表情、身体动作等，按照陈列商品的内容区分使用人体模特。

生产厂商可以根据需求制作出人体模特的多种表情及动作。例如：写实的、雕刻感觉的、可自由活动的人体模特等。

躯干雕像是指没有脸、胳膊、脚的人体模特。现在也出现了有上臂的躯干雕像模特。

舞台

利用舞台进行视觉营销能有效表现出舞台商品与卖场其他陈列商品的不同，既能提高吸引顾客的效果，也能强化商品的冲击力。

图表86　推荐小道具的种类①

◆人体模特与躯干雕像

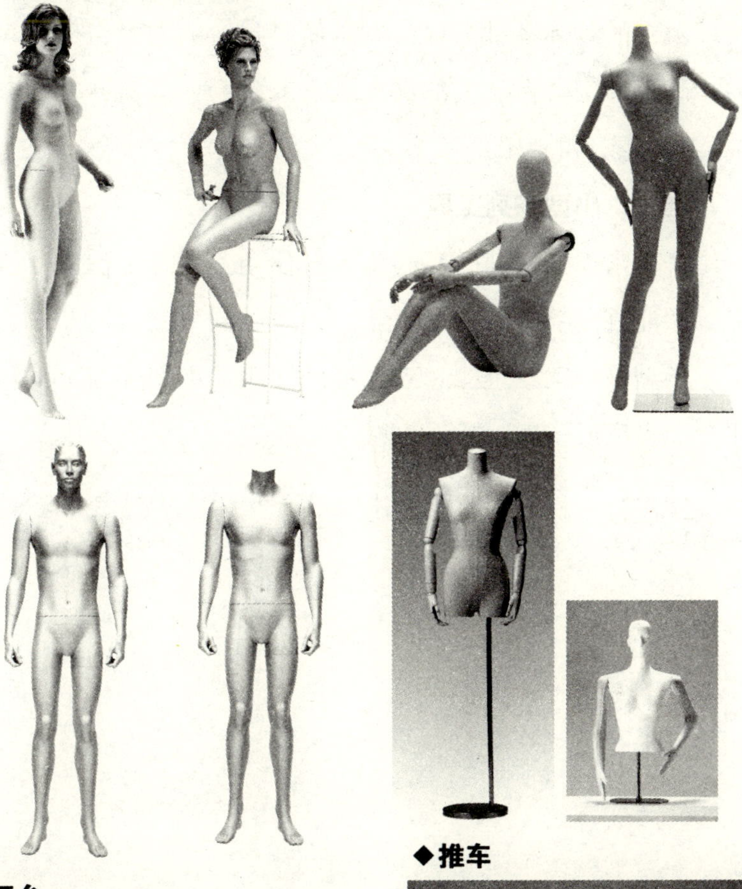

◆推车

◆舞台

卖场有时也不使用舞台，但是使用舞台既能确保陈列的足够空间，又能提升陈列的品格。

舞台的种类多种多样，有木质舞台、成型舞台、四角舞台、圆形分割舞台、上部铺上绒毯的舞台、高舞台等。店铺需要根据陈列的目的区分使用。

推车、小型陈列工具

推车常作为特别商品的陈列台使用，有时也作为降价商品、关注度高的商品的陈列台。

小型陈列工具也能起到同样的作用。小型陈列工具包括平台、多层展示架、开放的陈列柜等。

通常，卖场会使用这些小型陈列工具来增加卖场陈列的变化性。

69-2 利用推荐小道具进行陈列的方法

店铺可以通过使用小道具，以更加易懂的方式将店铺理念传达给顾客。同时，通过使用小道具也可以给陈列增加氛围感。店铺需要从以上方面出发考虑小道具的使用。

①商品展示的必要工具

如图表 87 所示，皮带展示架、微型人体模型都是展示商品的必要工具。其他工具还有衣架陈列台、托盘、帽子陈列台、男士衬衣陈列台、篮子、盒子等。

因为这些陈列工具是与商品直接进行接触的，因此使用时要注意与商品特性、商品尺寸相符。同时，陈列工具本身要整洁干净。脏污、破损、违和感等都会损害商品价值。

②让陈列氛围更好的陈列工具

在营造陈列氛围、给商品构成增加变化时，需要一些必要的小工具。营造陈列氛围时，适合使用如图表 87 所示的柱子、鸵鸟、篱笆等。在陈列蔬菜、季节的花草时，适合使用艺术花束。

这些小道具说到底都是为陈列商品服务的。因此，卖场必须通过使用最小数量的道具烘托出主角商品的特性，营造场面氛围。

图表87　推荐小道具的种类②

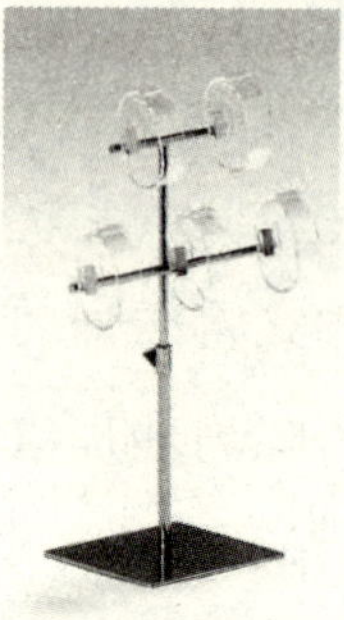

皮带展示架

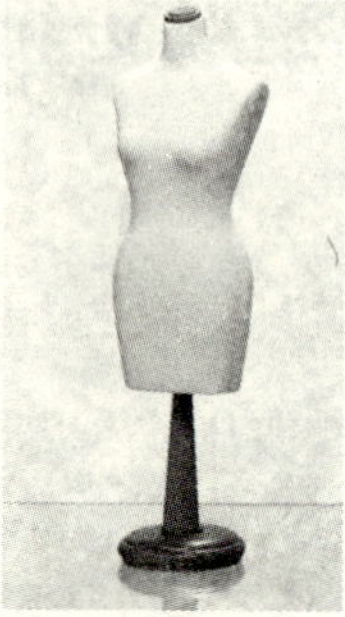

微型人体模型

柱子

雕花柱

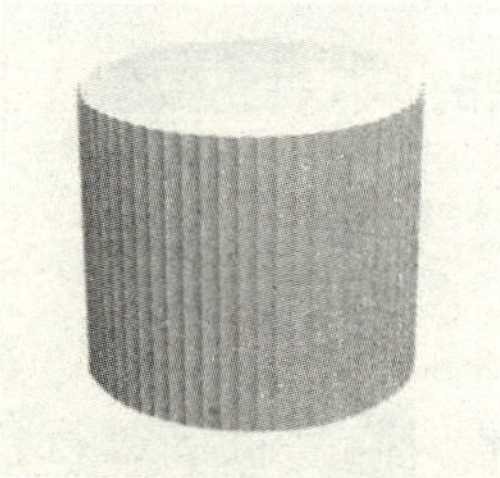

圆柱

鸵鸟

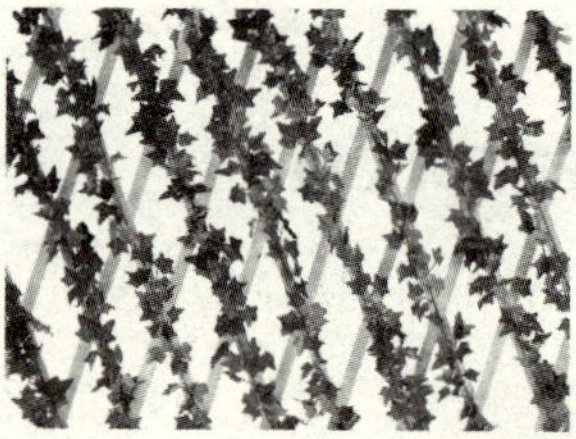

篱笆

木质基台

高架凳

包装

③有个性的题材

有些陈列柜小道具会与艺术性强的作品、作家作品相结合，此时的小道具信息性很强，所以也非常适合展示商品。

小道具本身有一定的氛围感时，应在最大程度发挥小道具信息性的基础上，与商品共同展开陈列。这样做更有利于衬托商品，体现出更好的陈列效果。

④包装

包装作为与礼物相关的小道具，是日常卖场工作中必需的小道具之一。店铺需要开发设计独特的包装，以便向顾客提供更好的包装服务。

因为陈列的小道具方便实用，所以很容易被应用到卖场各处。需要注意的是，过度使用陈列小道具会稀释陈列重点。

第 6 章

商品陈列的展示方法与陈列方法

70 展示方法与陈列方法的处理方式

为了让顾客在店内愉快购物，店铺需要进行相应的设定。这些设定就是店铺措施（图表 88）。

店铺措施的弹性实施

店铺措施是指店铺面向顾客做好各项准备工作，并且有意识地向顾客进行推销、宣传。如果这些措施达到了一定效果，就能提高顾客在店铺内的回游率，从而提高营业额。

店铺措施与展示推荐有些类似，但是从含义上讲范围更广一些。换句话说，展示场所是卖场的重心，而店铺措施不仅包括这一重心，还要从更高的层面上针对整个卖场进行思考。

下文就具体的店铺措施进行介绍。

①明确店铺理念

店铺要采用什么措施？其目的是什么？对店铺措施展开的理由、展开方法、内容等进行具体的讨论、组织。

②展示

怎样表现？具体的方法是什么？店铺措施的对象不仅是商品，也包括无形的服务、季节性的促销、话题性强的展示品等。店铺应当实施以视觉营销为中心的展示。

图表88　店铺措施的要点

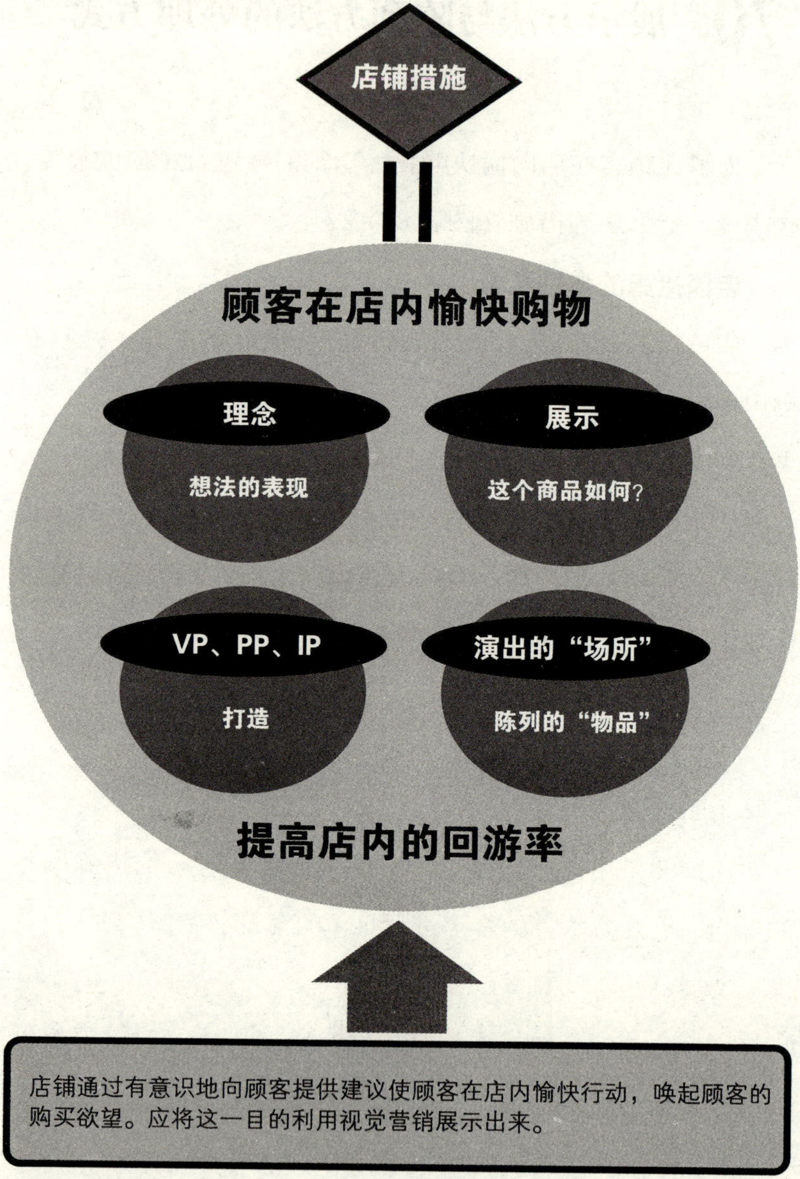

通过店铺措施唤起顾客的消费欲望

③与 VP、PP、IP 的关联性

与商品相关的店铺措施同 VP、PP、IP 密切相关。店铺措施的主要目的不在于购买，而在于唤起顾客的购买欲望。

因此，店铺需要在把握 VP、PP、IP 与商品展示的关联性基础上制定具体的措施。

④推荐的“场所”与陈列的“物品”

为了使卖场的构造富有变化性，店铺需要将卖场的“面”变成推荐的“场所”。

进行商品（物品）展示时，可以将商品的形状、使用商品会得到的便利、商品的价值等信息，利用具有冲击力的展示陈列方法，传达给顾客。

71 通过门面打造吸引顾客

门面的作用

店铺门面承担着告知过往行人店铺存在的重要职责。

有时候一家店铺在当地经营了很多年，但还是有很多顾客并不知道它的存在。

为了提高店铺的认知度，店铺需要在门面上下功夫，提高过往行人的驻足率。此时，可利用门面向顾客提供魅力十足的信息。

吸引通行人群流动的措施

灵活运用门面能够提高店铺的认知度，从而大大提高顾客的来店率。

为提高店铺门面的诱惑力，店铺门面必须朝向来往行人流动的方向。

吸引点的设定如图表 89 所示。

①门面吸引点

门面吸引点一般设置为门面两侧的展示橱窗，因为设定地点固定，因此需要经常开展新的商品推荐。重点是按照销售计划持续性地开展商品推荐。通过橱窗设计将商品表现出来，并且持续展示不同商品，以此提高门面的吸引力。

图表89　吸引点的设定

❶ 门面吸引点

入口两侧的橱窗是吸引顾客的重要陈列点。

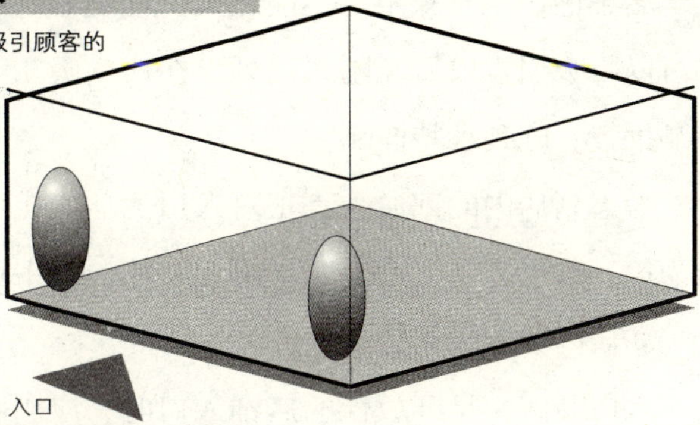

❷ 店内第一吸引点

店内第一吸引点与店内的墙面是吸引顾客的重要陈列点。

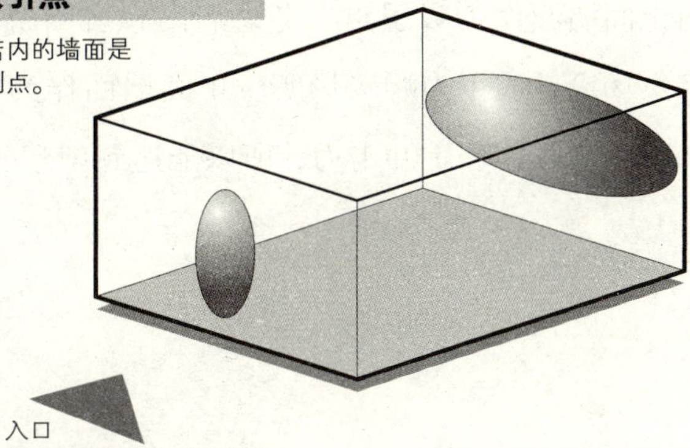

❸ 店内墙面吸引点

开放性的店铺入口，正对入口的店铺墙面是吸引顾客的重要陈列点。

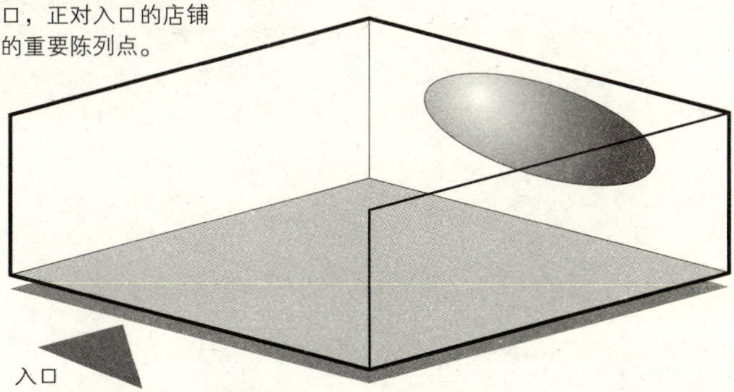

②店内第一吸引点

店铺门口相对狭窄，不能在入口两侧设置吸引点时，店铺可以将吸引点设置在刚入门处。在店内吸引点开展差异化商品推荐，陈列独特商品。

考虑到店内的回游率，正对入口的店内正面墙面也应当作为第一吸引点，通过开展差异化陈列来吸引顾客。

③店内墙面吸引点

入口开阔，是开放性的店铺入口时，应当将正对入口的店内正面墙面作为吸引点。考虑店内顾客回游率的同时，应当将卖场设计成主力购买场所。正面墙面作为唯一的商品推荐场所会给顾客一定冲击力，所以能达到理想的陈列效果。

72 店内吸引的措施要点

所谓店内吸引，是指在店铺门面处将驻足的行人吸引至店内的措施。店铺店内吸引的措施需要从以下四点进行考虑。

店内吸引 4 个要点

①为将顾客吸引至店内而设置吸引点；

②在门面进行商品陈列时不能将商品全部陈列出来，而应留下一点让顾客愿意走进店内一探究竟，同时要打造出陈列的丰富感；

③打造促使顾客从店铺门面走进店铺的购物环境；

④打造出入方便的门面。

利用以上措施，让来往行人感觉到“这家店铺看起来商品很齐全”“很漂亮，可以进去逛一逛”。

打造门面的措施要根据具体的实地情况进行。下文以图表 90①所示的正方形店铺与长方形店铺为例进行说明。

关于设置吸引点的具体方法，以及与此相关的顾客行动路线、回游率等问题，请参照前文所述 VP、PP、IP 的设计以及行动路线计划。

本节就店内吸引的措施要点的内容以及平衡进行说明。

图表90　店内吸引的措施要点

❶ 店内吸引点

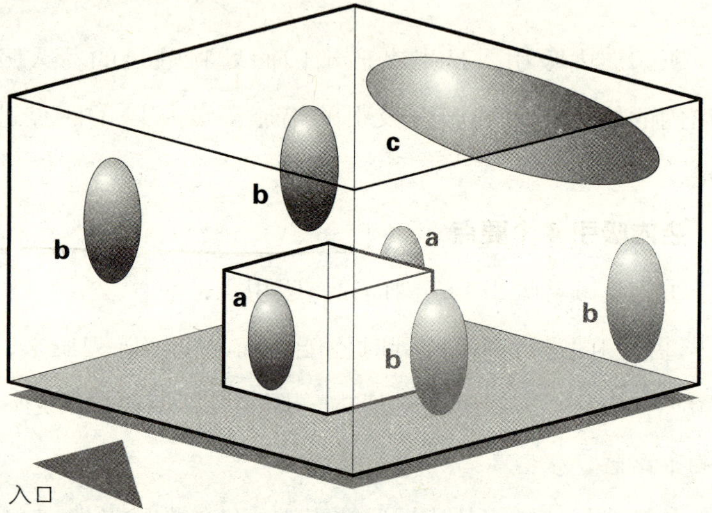

❷ 入口宽阔的店内吸引点

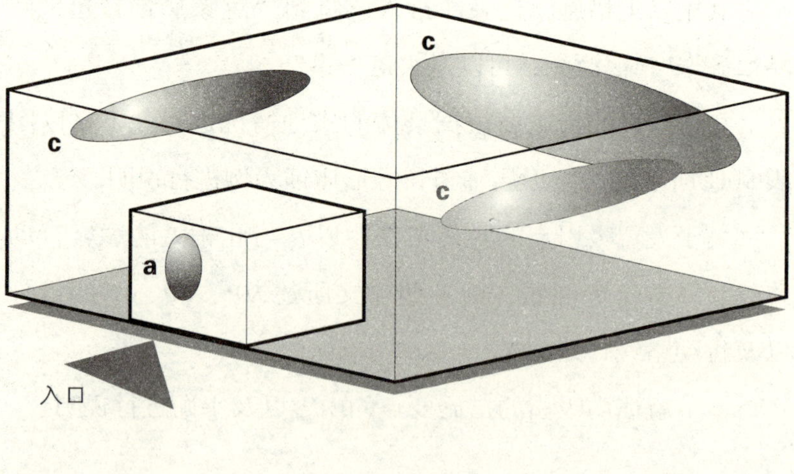

不同店铺的店内吸引的措施要点

a 要点

在陈列工具的端架或者展示架进行陈列。展示商品的整体搭配，利用交叉销售开展陈列。

b 要点

与 IP 相关联，开展壁面陈列。壁面陈列需要考虑正面与侧面的平衡，给顾客以简单易懂、美观的感觉。

c 要点

常在壁面展示柜上层进行陈列，通过塑造店铺的整体感觉以及向顾客提供建议等方式提高顾客对店铺的好感度。具有冲击力的商品陈列更有利于吸引顾客走入店内。

对于入口宽阔，进深较浅的店铺，如图表 90②所示，顾客从店铺门口的商品陈列中就可以大体了解店铺的商品情况，因此很多顾客会认为没有必要特意走进店内。店铺需要极力避免这一情况，根据店铺特点设定吸引点，尤其要在 c 要点的壁面上方开展吸引力强的陈列。

73 提高客单价的措施

营业额是客单价乘以顾客人数所得。因此，店铺想要提高营业额，就需要提高客单价并增加顾客人数。

提高客单价的要素

客单价的提高与下列经营因素密切相关：店内的销售人员与商品、性价比与店铺信息、店内环境等。

可以说，卖场管理是店铺经营的重要一环。店铺应当将与卖场打造、商品陈列相关的项目挑选出来，切实提高其中的每一项，进而提高客单价。

打造提高客单价的卖场（图表 91）

①便于购买的策略

店铺内部购物氛围令人感到放松，商品易懂，可以自由选购商品，这些对顾客而言就是便于购买的店铺的特质。

②吸引顾客不由自主购买

按照一个主题进行统一陈列，提供搭配建议，这样顾客也会购买目的商品以外的商品。为避免顾客漏买商品，店铺应积极提供帮助。

③促销与商品陈列

与广告媒体有关的商品陈列，以及促销活动或者宣传活

图表91　提高客单价的思路

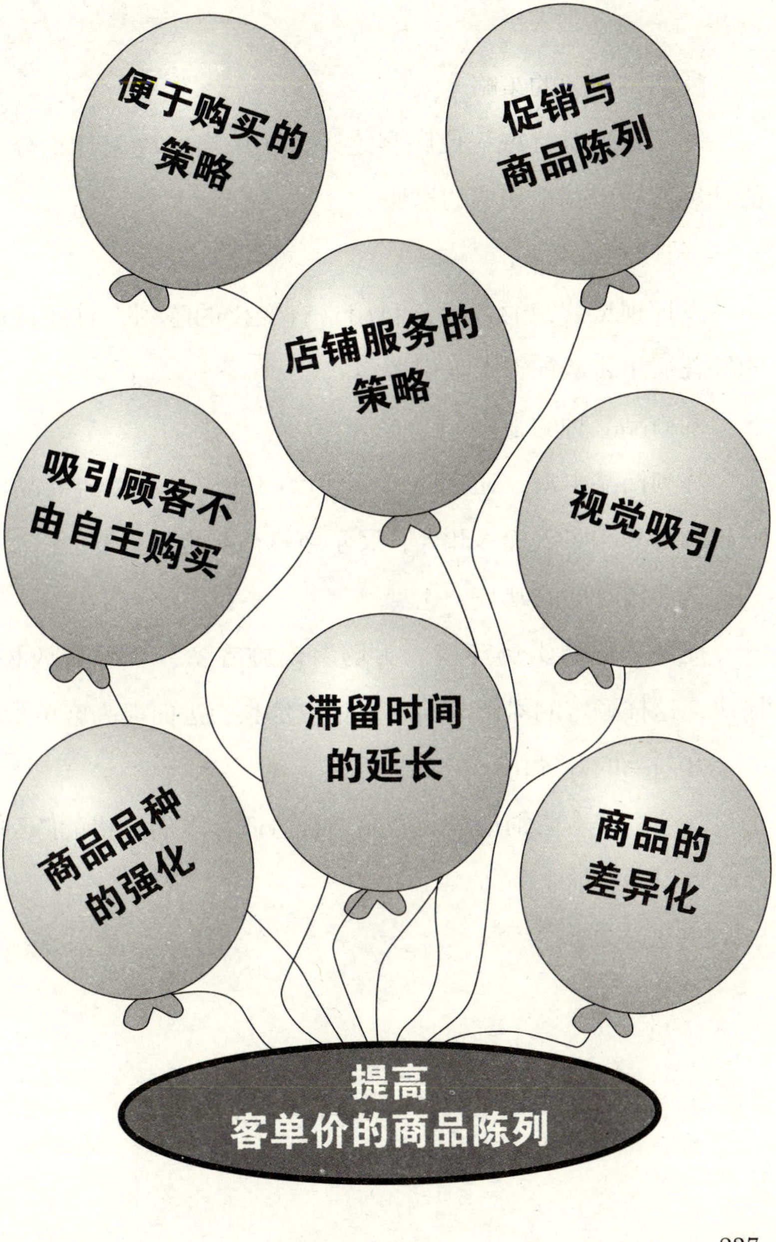

动中提到的商品的陈列，这些陈列都能有效激发顾客的购买欲望。

④店铺服务的策略

除了认真对待每一位顾客之外，还应当实施累计积分等能让顾客感觉到亲切感的措施。

⑤视觉吸引

发挥视觉营销的效果，利用富有变化的陈列、有建设性的推荐展示，从视觉上吸引顾客。

⑥商品品种的强化

陈列商品丰富，通过陈列关注度高的商品、潮流商品等唤起顾客的购买欲望。此外，展示新鲜商品也很重要。

⑦滞留时间的延长

提供舒适的卖场环境。卖场内设施齐备，令顾客放松、愉快，这样顾客的滞留时间才会相应延长，进而提高客单价。

⑧商品的差异化

陈列只在本店铺销售的商品，打造适合本店风格的陈列，以此吸引顾客前来。

74 增加顾客人数的措施

提高营业额的基本措施是增加顾客人数

正如前文所述，提高营业额的措施在于提高客单价并增加顾客人数。

但是，客单价的增加是有上限的。因此，增加顾客的来店频率成了增加顾客人数的基本措施。

来店顾客的人数增加意味着顾客对于店铺的信赖感以及好感度在提高。这与商品的展示、卖场的打造、店内环境的完备密切相关。

提高来店频率的措施

下文就增加顾客人数的措施逐一进行说明（图表 92）。

①打造令顾客感到亲切的卖场

满足顾客的如下要求：有自己想要购买的商品的专柜；卖场本身富有变化，去卖场充满乐趣；有从顾客立场出发打造的卖场环境。

②宣传活动的开展

利用富有话题性的主题，开展新颖的活动。顾客来到店铺后常会遇到店内开展的有趣活动，这样就会让顾客对来店充满期待，从而乐于来店。

图表92　增加顾客人数的措施

③灵活运用商品陈列

让顾客有如下感觉同样重要：卖场中有选择的乐趣；去往这家店铺就能买到自己所需的商品；商品陈列符合自己的喜好。

④服务的应对

能够提供个性化的、高质量的服务，让顾客感觉到：店铺内待客态度良好；说话应对得体；店铺内很热闹；令人很感动；店内明亮等。

⑤灵活运用广告

广告商品易识别；广告给顾客的感觉不错。

⑥打造购物轻松的店铺

让顾客来店后心情平静，感到舒适安心。这样的店铺，顾客的来店频率会更高。

⑦购物环境的完备

有舒适的空间，打造出让顾客有好感的店铺。

⑧待客的应对

待客亲切，让顾客感觉到店铺内有熟悉自己、了解自己的人。

75 陈列贡献度高的商品

进行商品宣传时，店铺需要在充分掌握商品特性的基础上进行卖场设计，并且以商品的生命周期为基准，利用交叉比率进行商品区分。

商品的交叉比率是根据毛利率与商品回转率计算的。如图表 93 所示就是具有代表性的交叉比率模式。

A 毛利率高，回转率也高的商品群

对有稳定的利润收入与销量的商品进行基本商品的陈列，如图表 93 中 A 所示。保证一定的商品数量以保证商品的量感，在商品周期中处于繁盛期。回转率高意味着受顾客欢迎，在卖场中心应当设定吸引点，打造从展示场所连接到购买场所的卖场。虽然目前需要打造能够促进此类商品销售的卖场，但是卖场也需要寻找下一个畅销商品，并且在店铺门面处进行宣传。

B 毛利率高，回转率低的商品群

商品的品牌性高，虽然目前不一定是畅销商品，但是可以将其培养为 A 类商品，开展如 B 所示的陈列。

为了让顾客了解到商品的优点，店铺可以采取视觉营销的方式进行商品推荐。如图表 93 所示，此类商品在商品生命周期中尚处于成长期，应当在店铺入口实施差异化陈列。

C 毛利率低，回转率高的商品群

指人气很高，销量很好，但是利润较低的商品。要判断此类商品是降价的商品，还是购买频率高的商品。如图表 93 中 C 所示，可利用畅销商品的陈列进行明确的商品分类。此时，商品虽然处于商品周期的衰退期，但是这些商品都是购买频率高的商品，同时降价的商品也是因为进入了打折期。

D 毛利率低，回转率也低的商品群

此类商品有两重含义：其一，是品牌商品，店铺以后有引进的可能，作为暂时展示性商品进行的陈列；其二，已经完成任务的商品，店铺希望能够消除库存。此时，店铺会进行如图表 93 中 D 的商品陈列方式。

图表93　具有代表性的交叉比率模式

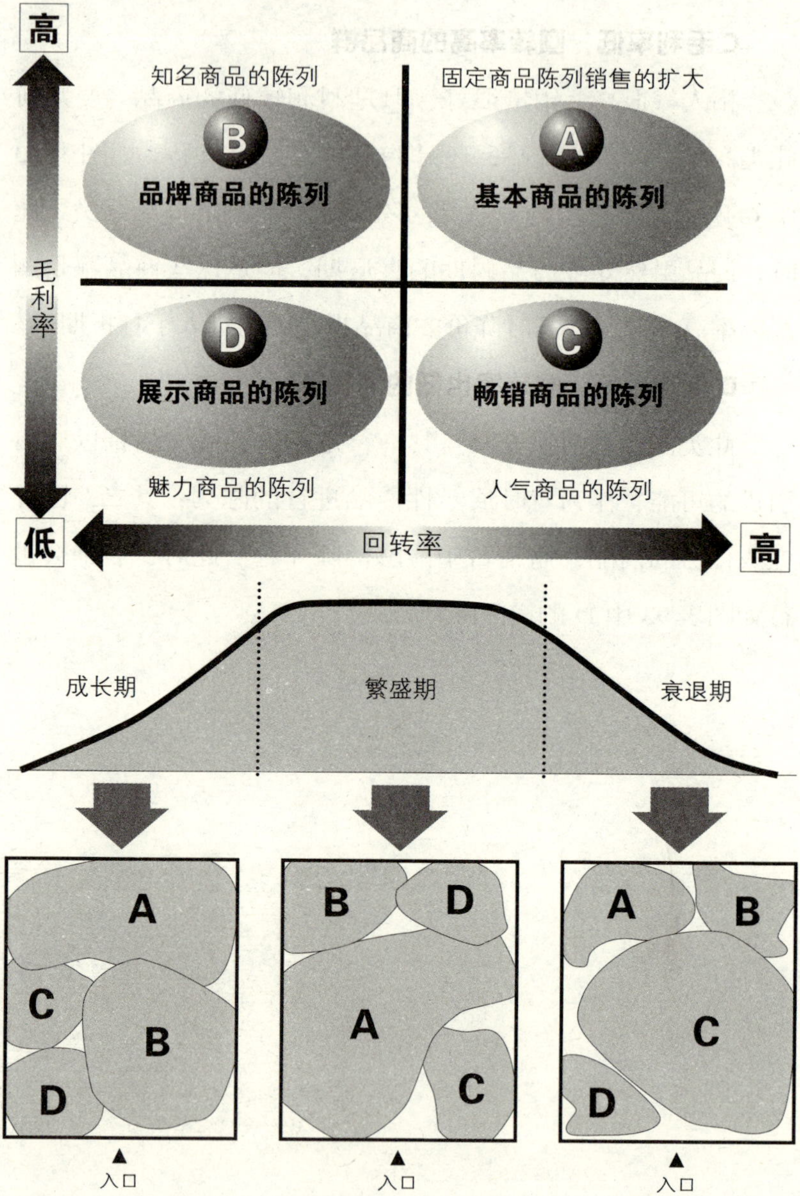

76 让顾客不由自主购买的措施

一开始并没有购买的计划，但是最终还是购买了某商品，这样的行为被称为不由自主的购买。店铺可利用顾客容易忘记购买的商品、生活便利品、新商品等吸引顾客不由自主地购买，以此提高客单价。不由自主购买的商品展示会用到具有冲击力的陈列方式（图表 94）。

①与视野的关联

以进入顾客视野的所有商品为对象，充分把握购物心理，进行卖场设计。以上是陈列设计的基本。当顾客有购买想法时，就会进行类似商品的比较。此时，卖场需要提供便于顾客进行比较的陈列。

建议在顾客的视野范围内进行关联商品的陈列，吸引顾客购买。

②协调性

完美的协调性能够勾起顾客的购买欲望。但是如果某种搭配远离顾客的日常生活，那么此时的协调性只能止于欣赏。因此，搭配要与顾客的生活密切相关。

③推荐性

积极向顾客提出建议，会让顾客认为这是一家值得信赖

图表94　让顾客不由自主购买的措施

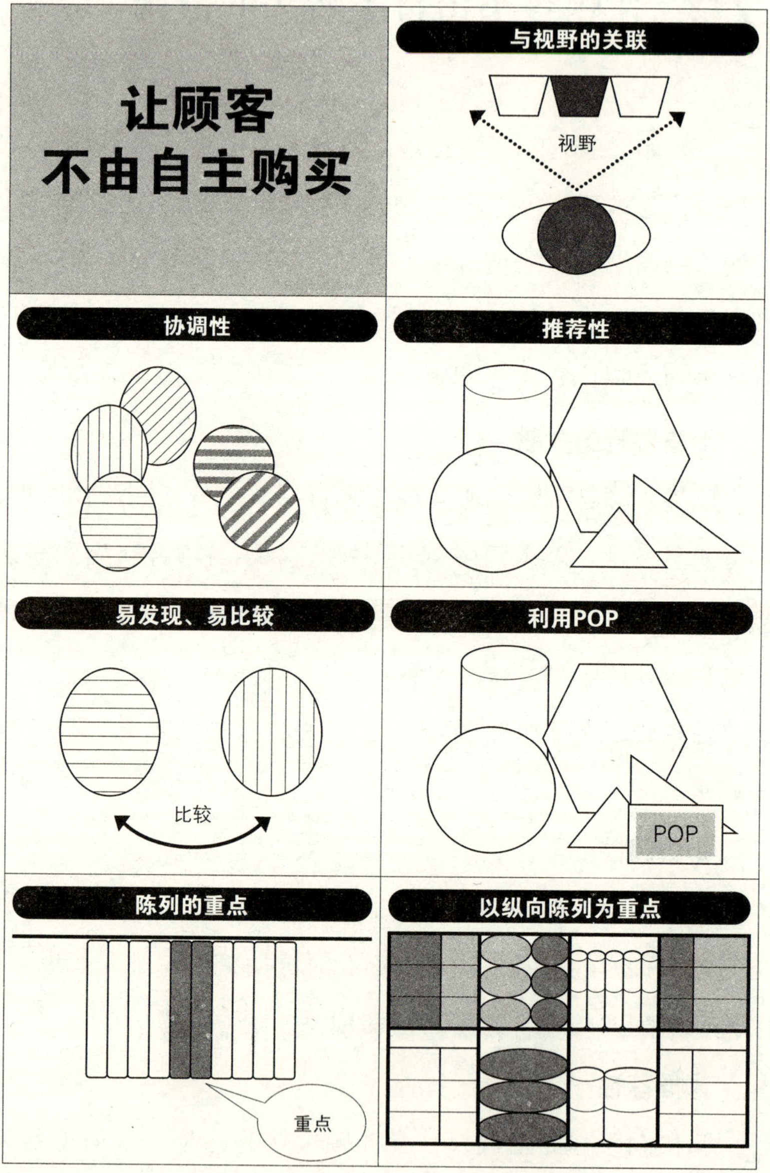

的店铺。店铺可提出生活方式上的建议，并且利用视觉营销的方式展示出来，吸引顾客购买。

④易发现、易比较

不由自主购买是一瞬间决定的行为，因此陈列的要点是易发现、易比较。

⑤利用 POP

利用 POP 增加吸引顾客的可能性。实物无法进行表现时，利用要点突出的 POP 效果更佳。

⑥陈列的重点

利用富有变化的陈列达到吸引顾客的效果。

⑦以纵向陈列为重点

以纵向陈列为基本陈列，通过观察视线的上下移动规律，展开便于顾客进行比较的陈列。在纵向陈列中添加变化，设定集中视线的点，以此提高顾客的冲动购买率。

77 利用商品陈列的丰富感增加卖场的活力

商品丰富不代表营业额会提高。但是除折扣店、品牌店与珠宝店之外，过多的库存量、过少的库存量都会影响到商品的销量。一般情况下，让顾客感觉到商品丰富的陈列都会给卖场增添活力。

下文就陈列丰富感的表现进行说明（图表95）。

让顾客感觉到商品的丰富

看起来比实际库存数量更富有量感，利用陈列技巧，表现出商品丰富感的方法。

①平面陈列会让商品淹没其中，重点不突出，因此宜利用立体堆积陈列打造出商品的立体感与量感。

②尽量让陈列面看起来开阔，这样就能打造出商品的量感。即使是体积较小的商品，也可以通过填充底台打造立体陈列。把握陈列商品的陈列面积，将陈列的底边尽量延长，这样商品的陈列面就会更开阔，从而打造出商品的丰富感。

在购买场所打造出商品的量感

购买场所对于顾客而言就是四处寻找商品、有着探索乐趣的场所。因此，购买场所应当聚集尽量多的商品，以供顾客挑选购买，从而提高顾客的购物满意度。

图表95　陈列丰富感的表现

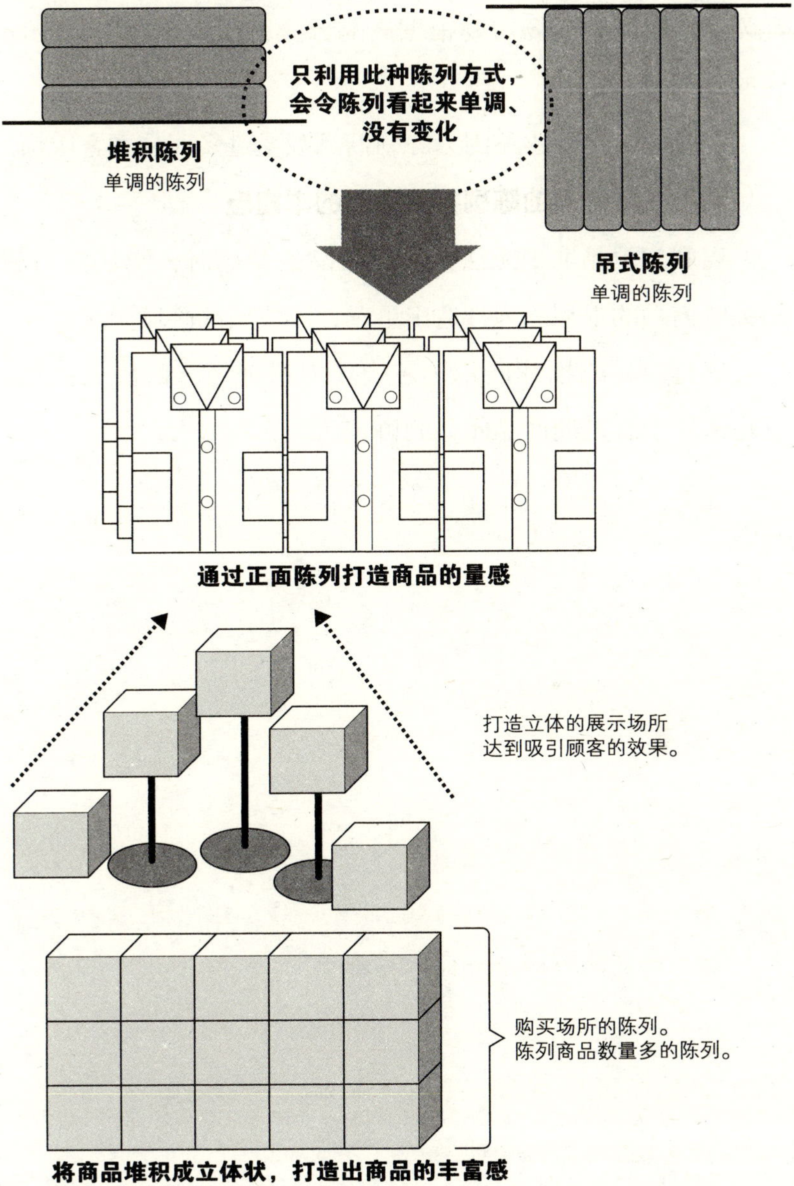

需要注意的是，商品陈列数量过多容易使陈列看起来杂乱无章。因此，卖场需要根据商品分类，提供给顾客易于比较的陈列状态。

同时，店铺要避免因为陈列商品数量过多而使顾客厌烦。

利用关联商品的陈列打造商品的丰富感

当利用单品堆积无法打造出商品的量感时，卖场应当利用关联商品的堆积陈列打造出量感，形成新的区域卖场。

进行商品的推荐展示，在卖场内选择适合的陈列空间，这也适用于衰退期商品库存的再销售。

78 易发现的陈列方法

易发现的陈列是指便于顾客理解的陈列。要以“便于顾客发现”为目标打造卖场（图表 96）。

①注重将商品展示出来

卖场从“展示”的意识出发打造卖场时，自然也会注意到陈列工作本身。卖场打造时，首先并不是开展商品的陈列，而是决定卖场的陈列重点，然后再开展具体的陈列工作。看到之后购买，这一模式是打造卖场的基本。

②考虑到顾客的行动路线后再进行设计

要对顾客进入店铺、寻找商品、购买商品、从店铺出去这一系列的行动进行预测，从而给商品陈列增加故事性。

如果一直陈列互无关联的商品，那么就不能产生陈列的故事性，因为这变成了过于细分的商品吸引。

因此，如果不能与顾客的购买意图、选择意图联系起来，那么顾客的购买欲望就会下降。同时，对顾客而言，这样的店铺也缺乏吸引力。

③寻找店铺内最明显的地方

进入店铺后，首先映入顾客眼帘的地方，就是展开商品推荐的地方。店铺内最明显的地方、墙面上最明显的地方、

图表96　打造“便于顾客发现”的卖场

◆不易发现、不易理解的陈列模式

- ✕ 使用大尺寸的POP，商品被隐藏起来
- ✕ 价格牌以及吊牌太多，陈列看起来不整洁
- ✕ 在一个陈列工具上陈列过多商品，顾客不容易发现
- ✕ 过剩搭配导致重点不突出
- ✕ 陈列无关商品，导致顾客难发现、难理解

◆不易发现、不易理解的商品设计

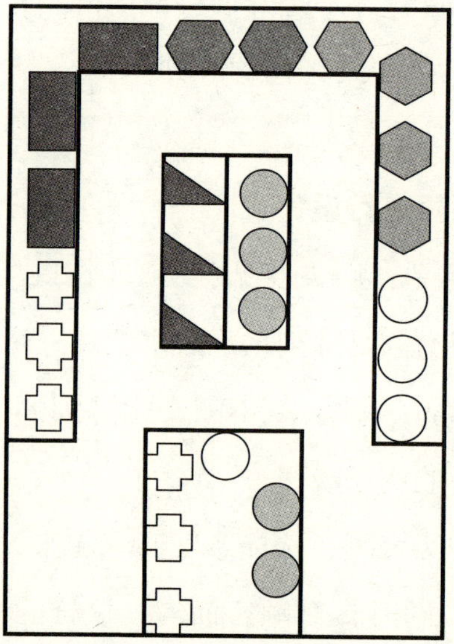

对有关联性的商品进行陈列，制造出了对购买进行预测的故事性。

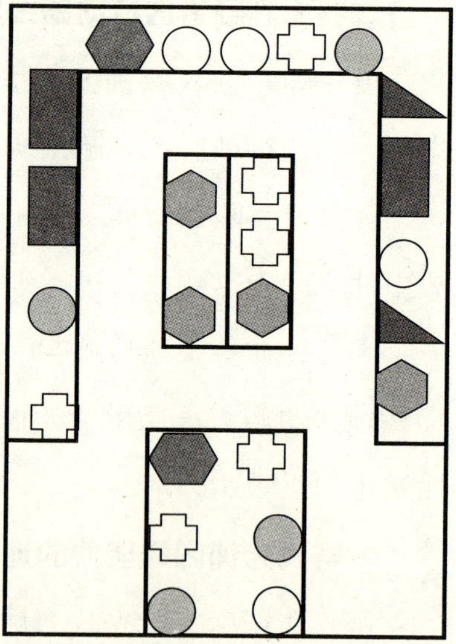

过于细分、单个的陈列在设计上缺乏利于购买的连续性，没有吸引力。

展示架上最明显的地方、陈列工具中最明显的地方，卖场应当寻找出店铺内最明显的地方，并将这些地方打造成“光彩夺目”的陈列现场。店铺应以此为中心开展商品推荐，打造愉快的卖场。

④检查商品的正面陈列

商品的易见性是指将商品的正面展示出来。虽然店铺内部应当尽可能地开展正面陈列，但是因为要考虑到与店铺内部整体商品陈列的平衡，所以应当在此基础上将商品的正面陈列作为基本陈列模式，对其他商品进行陈列方面的调整。

⑤事先设计目光移动的顺序

在店铺内部决定展示的优先顺序，然后展开陈列。此时应当站在顾客视角，一边在店内行走一边观察顾客的目光移动路线。这一措施能让店铺发现之前看不到的问题。每天进行检查，是打造最佳卖场环境，迎接顾客的基本措施。

79 传达出商品优质感的陈列方法

为了将商品的优质感、价值传达给顾客，必须掌握相应的陈列方法。商品特性各不相同，因此卖场需要在掌握商品特性的基础上，从感官入手吸引顾客。

诉诸感官的吸引方法

①视觉

顾客看得见、易理解、能了解到商品的不同，能感受到商品的优质，能把握商品的尺寸的陈列。

②触觉

能了解到商品触感、材质、纹理、质量的陈列。

③嗅觉

能闻到商品香气，感受到商品氛围的陈列。

④听觉

听得到音色，感受得到商品感觉、风格的陈列。

⑤味觉

能体会到商品的味道、软硬度、热度的陈列。

店铺可将以上要素利用视觉营销的形式表现出来。

陈列时，想要将商品的优质感传达出来需要从魅力、形状、形态三方面入手思考，进行设计。确定思考的先后顺序后，为了将商品的优质感更多地传达给顾客，店铺可利用商品推荐等表现形式开展富有魅力的陈列。

传达出商品魅力的陈列

①魅力的设想

指商品设计的初衷，需要掌握商品的理念。

②形状的设想

指商品的设计以及外形，需要把握单品的优质感。

③形态的设想

指商品使用时的价值。在这一点上，商品的优质感对顾客而言最有吸引力。

根据商品特性展开陈列

店铺应当放弃采用一下子传达给顾客很多信息的表现形式，尽量采用详细、透彻的传达方法。此外，店铺还应当在考虑商品特性的基础上，利用适应这一商品的独特陈列方法进行表现。请参考图表 97。

①秋季新品的陈列。通过新产品的陈列将不同花纹以及餐具的感觉传达出来。陈列时应将感觉相近的商品汇集起来进行陈列，以便于顾客发现。

②利用手袋的不同设计将品牌的高品质陈列出来。

图表97　传达出商品优质感的陈列方法

◆从诸多信息中挑选出一点儿进行传达的陈列

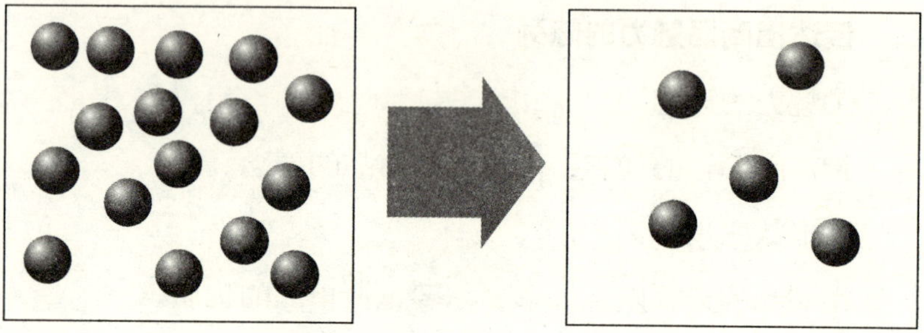

◆能传达出商品优质感的陈列模式

①

通过介绍新产品展开陈列。

②

将品牌的高品质传达出来的陈列。

80 利用变化摆脱陈列的单调性

陈列如果变得单调就会失去趣味性，对于顾客的吸引力也会降低。例如，整齐陈列会让顾客容易发现商品，但这时顾客会认为哪个商品都不错，最终导致陈列没有给顾客留下深刻的印象。

打破单调性的变化陈列

变化陈列能够打破单调性，能够加深顾客对商品的印象，提高商品的吸引力。变化陈列的代表性陈列方法如下。

①打造陈列重点

在陈列中打造重点，给单调的陈列增加变化。例如，在陈列小尺寸商品时，在其中间陈列一个大尺寸的关联商品，就能构成尺寸变化的陈列。如图表 98 所示，利用正面、侧面的陈列重点不同，打造出陈列的变化。

②改变节奏

让陈列富有节奏感，是凸显商品的重要方法。但是，如果陈列商品过长，陈列就会变得单调、无聊。因此，为了赋予陈列变化性，应当改变这种节奏的陈列。

例如，在珠宝店内，可将项链按照同一方向顺次陈列，打造出节奏感，然后找出一个地点，让陈列停下来。这个地

图表98　变化陈列的要点

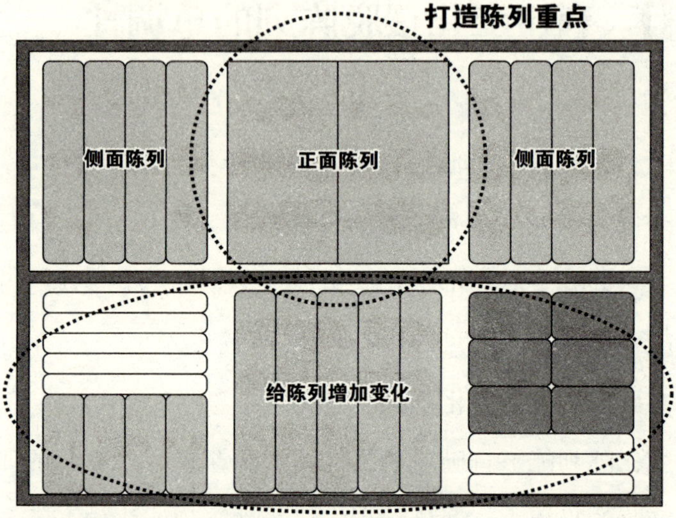

从单调的陈列中摆脱出来，利用陈列重点，增加陈列的变化

◆从平坦单调的陈列到富有变化的陈列，重复同一陈列节奏

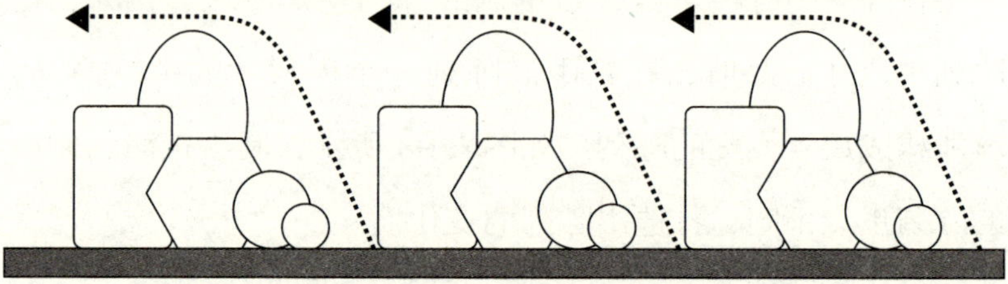

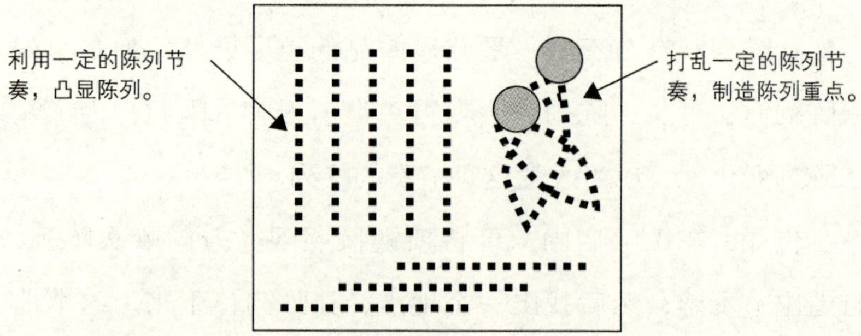

点就是吸引顾客的陈列重点。最后，可利用视觉营销在陈列重点上进行推荐展示，以给陈列带来更多的变化与吸引力。

③制造不平衡

有平衡感的陈列能让顾客感到安心，同时也是店铺常用的陈列方式。但是缺少变化也会使陈列缺乏趣味性。因此，卖场需要打破这种平衡，开展不平衡陈列。不平衡给人一种不安定感，会给顾客留下动态的印象。

④一周变更一次

进行一次陈列后，店铺有时候不会在一段时间内再进行变更。但是陈列也是有时效性的，如果长时间没有变化，陈列也会失去魅力，变得陈腐。这也是导致陈列单调的原因之一。店铺可以一周进行一次陈列变更，针对陈列商品进行再宣传。

81 集视点就是吸引点

集视点是指视点聚集的地方，在统一陈列中必须有集视点。

例如，店铺进行商品推荐时，即使不利用复杂的陈列构成，也需要进行统一、平衡的陈列。

商品陈列统一与否，说到底是由集视点决定的。在没有集视点的陈列构成中，顾客不知将视点聚焦于何处，这样就会因为没有聚焦而使陈列显得散漫，重点不突出。而且，这样的陈列也不能将商品的特性以及建议准确地传达给顾客。

下文就如何在陈列构成中将集视点表现出来进行说明。

在商品集合中打造重点

将商品集合起来，从中挑选出代表性的商品进行陈列，以此确定陈列重点，进行商品展示。具有代表性的陈列构成如下。

利用陈列架进行陈列时，在某一层陈列架中制造集视点。例如，在横向陈列中，通过某一件商品的正面陈列，打造出陈列的集视点。如图表 99①所示，在陈列架的横向陈列中制造陈列架层数的变化，通过正面悬挂制造陈列的集视点。

此外，还可以在陈列架的最上方开展商品推荐，打造集视点，与陈列架下方陈列的商品形成“淋浴”的陈列效果。

利用舞台进行商品推荐时，如图表 99②所示，呈现立体构造。虽然陈列时要注意商品内容，但是基本上集视点的设定是以顾客视线为基点，控制在向下 20 度范围内。如果设定在视线以上的高度，就会由于下部的不稳定而很难保证陈列的平衡。

岛状陈列时，需要根据变化陈列打造出集视点。

打造统一的中心（如图表 99③所示）

在进行统一陈列时，可自然地进行归纳，打造出集视点。

此外，打造集视点的基础是：卖场需要事先对店铺内部的集视点进行设定。

图表99　集视点的打造

①利用展示架本身的层高变化吸引顾客。

②利用陈列变化，打造立体构成的集视点。

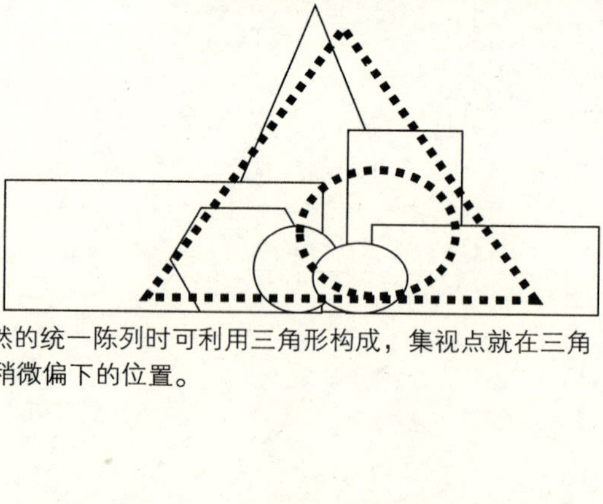

③进行自然的统一陈列时可利用三角形构成，集视点就在三角形正中稍微偏下的位置。

82 根据不同的目标顾客群展开陈列的方法

目前，市面上成熟的商品多种多样，顾客的需求也各不相同，这些都影响着顾客的购买动机。打造卖场时需要综合考虑上述因素进行设计。

比较流行的陈列类型大体可以分为四类（图表 100）。

雅致的风格

①优雅的、有品格的类型，能打造出自然、沉着的时髦感，让顾客感觉很高级。

②打造时尚而柔软的卖场。在卖场的细微之处都飘荡着高级感以及商品的优质感。多开展简单、轻快的商品推荐。

柔美的风格

①像女性一样柔美、浪漫的类型。利用成人的可爱、细腻与快乐营造出富有装饰性的、如诗歌一般梦幻的购物氛围。

②卖场打造时应当打造出女性般甜美的感觉，而不是恋爱的感觉。

简单的风格

①省却无用的装饰，利用自然、简单的陈列打造出大都市的时尚风格。利用自然的颜色表现出新鲜的清爽感，令顾客眼前一亮。

图表100　比较流行的陈列类型

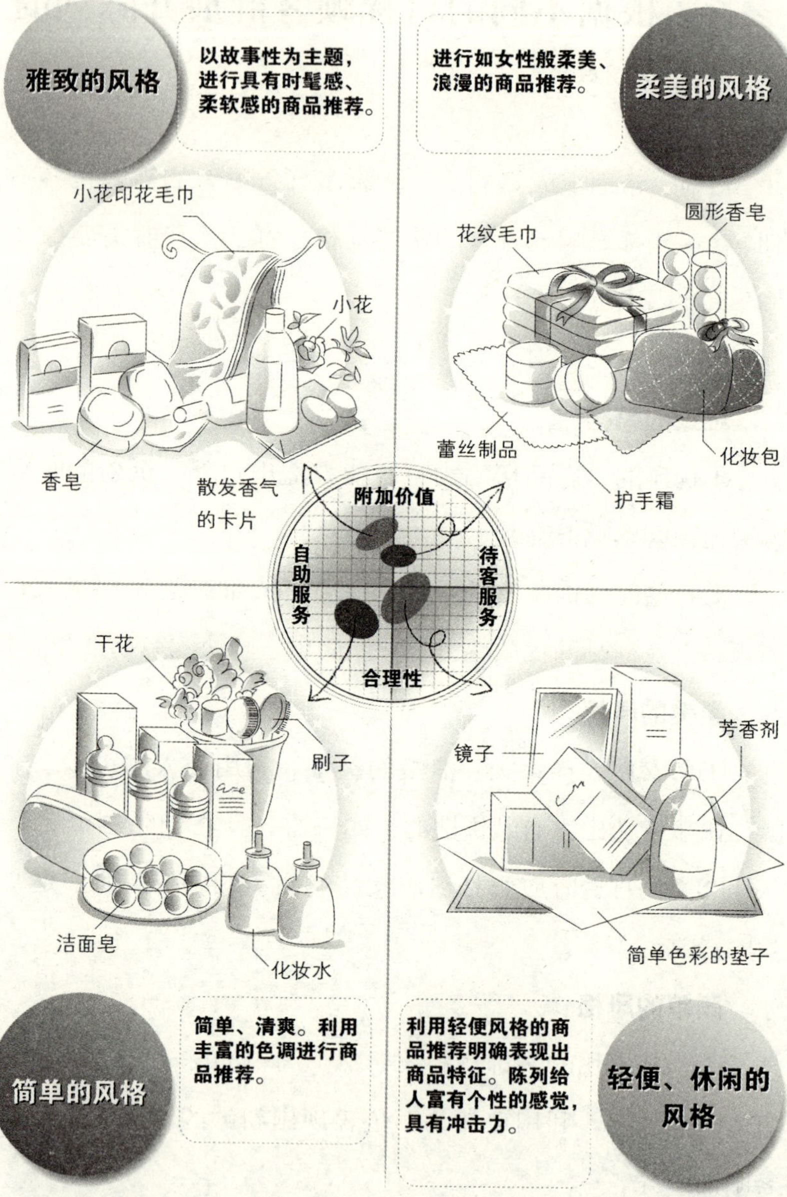

②卖场打造时应当重视自然的感觉，开展简单、明亮且富有新鲜感的商品推荐。

轻便、休闲的风格

①显示出轻便、动态、明亮、开放的感觉，是一种轻便、年轻的风格。

②卖场打造时，应当多进行富有变化的动态陈列。

以上是最基本的类型分类。当然，宣传新开发商品或者个性鲜明的店铺需要根据自己的商品特性明确目标顾客群，从而开展陈列计划。

总之，店铺需要根据以上思路，通过独特的视觉营销表现，打造出符合店铺风格的卖场。

83 制造快乐的礼品套装陈列

礼物大体上可以分为两种：一、习惯性或者答谢性质的礼物；二、个人性质的、出于人际交往目的赠送的礼物。

赠送答谢礼品的卖场陈列

虽然市面上也出现了富有个性的答谢类礼品，但是主流仍然是打包进行组合的礼品。

答谢礼品的卖场应当以丰富的商品陈列为主体。换句话说，店铺应当陈列特产、经典的商品，并且提供自由组合。以此为中心，打造出整齐、易选择、易比较的陈列状态。

馈赠礼品的卖场陈列

馈赠礼品是在生日等特殊日期，出于个人交往的目的赠送的礼品，因此应当在了解对方喜好的基础上进行选择。顾客在选择商品时会花费一定的时间认真进行选择。

卖场打造时，不仅要注重打造出商品数量上的丰富感，更应当打造出个性鲜明的商品的丰富感。

在需要购买拥有一定审美力的商品时，顾客会选择能利用商品推荐表现出自己风格的店铺。因此，礼品店与此类卖场需要进行必要的商品推荐。

此外，自由选择商品后，利用顾客喜欢的包装方式进行艺术包装，这样的商品推荐模式也非常富有个性。

如图表 101 所示，商品一目了然，是以具有代表性的打包礼品为中心展开的陈列。

这样，有趣的商品推荐就发挥出了效果，营造出了明快、绚丽多彩，并且易于顾客选择的购物氛围。

图表101　礼品套装陈列要点

84 打造富有亲切感的陈列

购买频率高的商品或者是嗜好性强的商品应当开展让顾客感到轻松，并且能自由取放、试用，富有亲切感的陈列（图表 102）。

基本要点是在比肩膀低的高度展开陈列

有的陈列在视线以上的部分展开，也不能让顾客轻松地触碰到商品，这样的陈列亲切感就很淡泊。

因此，卖场应当在视线以下的空间展开陈列。也就是说，人的动作能够触碰到商品的范围以肩线以下为基准。在肩线以上的位置布置陈列时，除非是顾客非常感兴趣的商品，否则会因为陈列的位置太高，加大顾客取放商品的难度。

在视线以下的空间展开陈列，也容易让顾客感觉到商品价格不贵。卖场充分进行商品分类，并且进行富有建设性的商品推荐，能使整个卖场富有节奏感。这样的卖场不仅会让顾客感到亲切，同时也能将商品特性准确地传达出来。

让顾客感到亲切感的陈列方法

①挂式陈列

代表性的陈列是挂钩陈列。因为这样的陈列能够很好地展示商品的正面，因此对顾客而言是富有吸引力的陈列方式。

图表102 富有亲切感的陈列

Loft风格的店铺陈列，卖场会让顾客感到轻松、亲切。

开放性的开架陈列打造出轻松感。

店铺门面处利用箱子推车展开的陈列给人以轻松感，会令人不由自主地停下观看。

②吊式陈列

将商品悬挂起来陈列的方式中，最有代表性的是衣架陈列。卖场需要注意衣架的高度调节。因为如果衣架悬挂过低，会让整个卖场看起来低矮，缺乏活力，从而让顾客感到压抑。同时也要注意避免悬挂数量超过陈列工具的最大容量。

③放置陈列

放置陈列就是堆积陈列。需要注意的是像玻璃这样易碎的商品，或者是体积较小的商品堆积陈列时易变形等问题。能够自由取放商品是产生购买冲动的契机。

④放在篮子内的陈列

指将商品投放在篮子里进行陈列的方法。顾客不仅会感到轻松，也会感到商品很便宜。因此店铺需要陈列与这一陈列感觉相符合的商品。此种陈列状态下，商品数量变少时，陈列会变得很单薄，从而影响销量，因此要保持适度的陈列商品数量。

第 7 章

控制陈列色彩的方法

85 了解颜色，并加以活用

色彩在卖场打造以及商品陈列中担任着重要的职责。根据不同的色彩利用，能打造出不同的变化。例如：看起来新鲜的；看起来干净整洁的；看起来厚重、高品质的，等等。

商品展示中色彩的利用有两个要点：一是颜色的统一性、协调性；二是颜色的控制。卖场需要从日常工作入手，时刻注意卖场陈列中的色彩运用。

了解不同颜色的不同印象与感觉

在日常生活中，人们如果意识不到某种颜色的存在就不会去看。因此商品展示时，首先要了解不同颜色的不同感觉与印象，在此基础上加以活用。

例如，在食品卖场的蔬菜区，为了展示出商品的新鲜感，大多数会使用绿色、白色这样有新鲜感的颜色。此外，当流行店铺介绍本季的流行颜色时，在商品的正面陈列中都会尽量展示这种颜色，并且穿在人体模型、躯干雕像上进行搭配建议。

因此，店铺必须了解各种颜色拥有什么不同的感觉，进行色彩的整理后，陈列工作也会变得更加得心应手。

如图表 103 所示，不同颜色展示出不同的感觉。

图表103 商品陈列中的色彩利用

◆不同颜色的感觉

色调		颜色	感觉与印象
前进	暖色	红	活泼的、热情、危险、兴奋
膨胀		橙	明快、精神、洋气、健康的
		黄	活力、明快、健康、希望
暧昧	中间色	绿	平和、新鲜、安全、庄严
后退		紫	高贵、优雅、神秘、不安
收缩	冷色	青	知性、沉静、清纯、凉爽
无机质	无彩色	白	纯洁、纯粹、洁白、明快
坚硬		灰	忧郁、冷静、不安、中立
无表情		黑	威严、悲哀、迟钝、强大

◆颜色色调的感觉

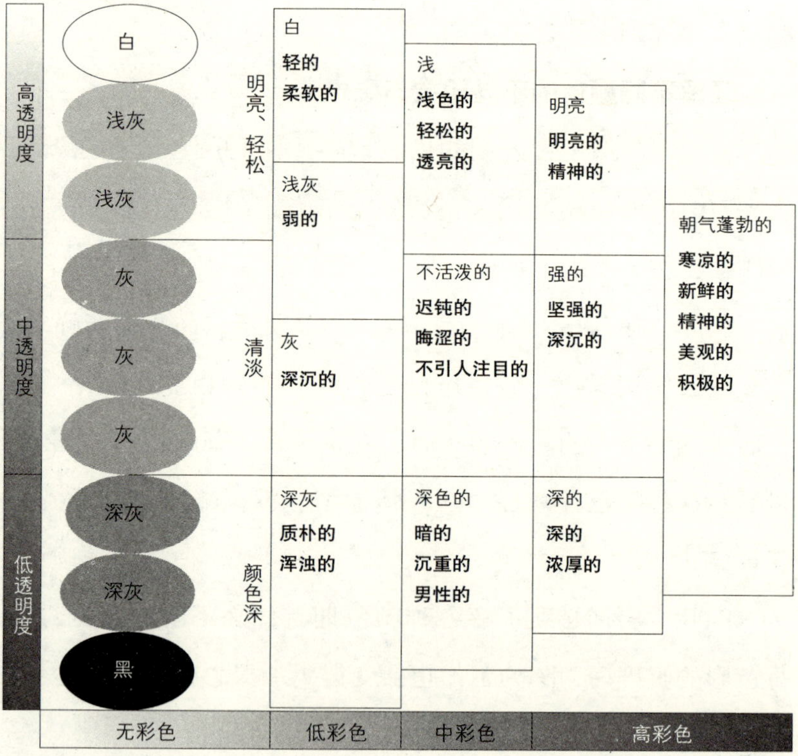

红色、橙色、黄色是暖色，有一种积极的、前进的感觉。绿色、紫色是中间色，给人一种模糊的感觉，常被用为特殊的配色。

青色是冷色，因此有一种与暖色不同的、后退的感觉。白色、黑色因为没有什么色彩感，所以给人一种硬朗的感觉。

把握色彩的调子

有的颜色让人感觉轻松，有的颜色让人感觉清凉、清新，有的颜色让人感觉沉重。色彩是有自己的“调子”的，这也被称为色调。

上面是明快的，下面是黑暗的，左边是接近灰色、黑色、白色的，越往右边越是清冷的颜色。不同色调都有区分的名称。因此，需要认真了解不同颜色给人的印象，并且确认不同颜色给人的具体感觉。

86 颜色整理与颜色控制

通过色彩的整理可以将颜色控制系统化，在颜色搭配时也能更轻松地进行。

色相环

颜色的根源是光。通过对光进行分析，人们发现了光的彩虹色。将彩虹色进行整理如图表 104 所示，就是色相环。

图表104　色相环

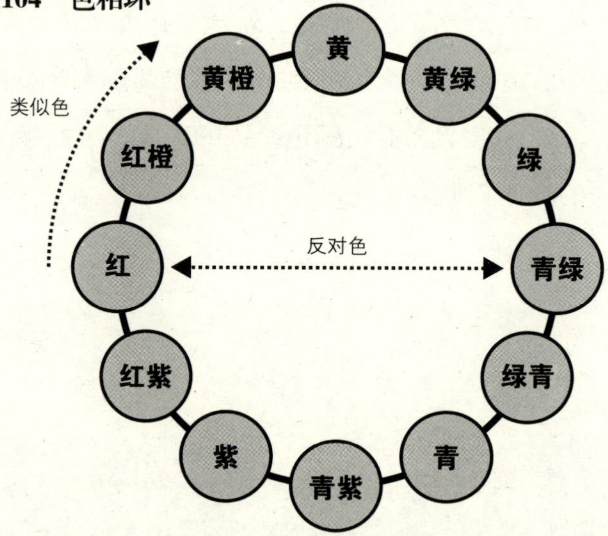

例如，从红色开始，有黄橙、黄色、绿色、青色、紫色，最后回到红色。在商品陈列中运用色彩时，应当基于这一色相环进行配色。

①商品数量多，色彩丰富时

按照色相环的顺序进行颜色整理。将混乱的颜色按照这一顺序进行整理后，商品陈列就会呈现一种自然流动的感觉。如果掌握了卖场中哪种颜色的库存商品最多，应当如何进行陈列，那么也就掌握了怎样陈列才能达到最佳效果的方法。

②在颜色的组合搭配遇到困难时

当将成熟与自然的颜色进行调和时，搭配利用靠近原色的颜色，更能达到意想不到的效果。

③追求华丽、生机勃勃、新鲜的感觉时

尽量利用远离原色的颜色进行搭配。如果红色是原色的话，那么就搭配反差色——青绿。

关于颜色的基本知识

进行色彩整理时，需要在第一时间判断颜色的有无（图表 105）。没有颜色的叫做无彩色，其他有颜色的叫做有彩色。无彩色与有彩色是互补的，当利用有彩色进行展示遇到瓶颈时，通过无彩色的添加就能实现色彩的协调搭配。

有彩色包含色相、明度、饱和度。这也被称为颜色的三个属性。色相是指红色、橙色、蓝色等颜色的名称。明度是指颜色的明亮度。在进行颜色搭配时，是想让人感到明亮还是暗淡，需要利用明度的调节进行操作。饱和度是指颜色的鲜艳程度、色彩的强弱。在进行颜色搭配时，是让人感到稍微清爽的色彩，还是让人感到冷静的色彩，需要利用饱和度的调节进行操作。

图表105　色彩的整理

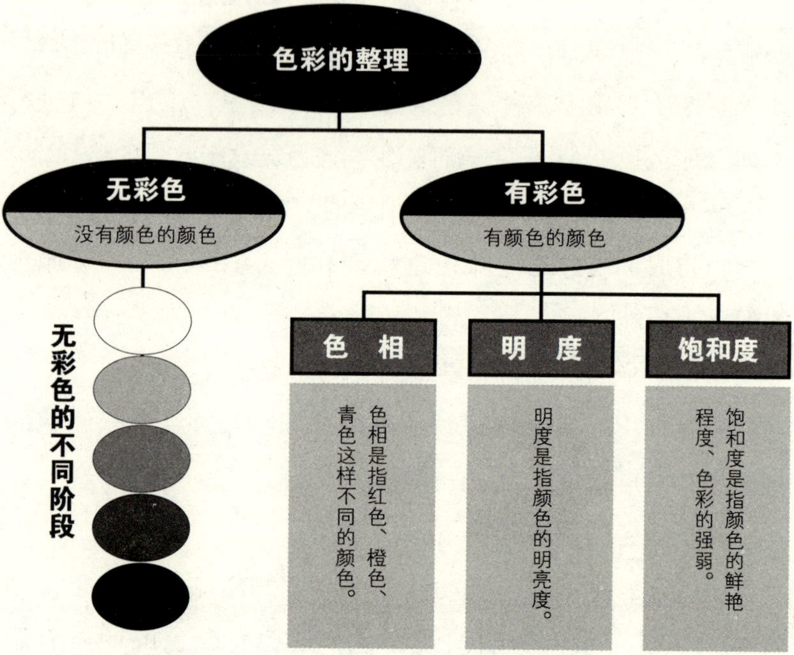

色彩的整理
无彩色
没有颜色的颜色
有彩色
有颜色的颜色
无彩色的不同阶段
色　相
明　度
饱和度
色相是指红色、橙色、青色这样不同的颜色。
明度是指颜色的明亮度。
饱和度是指颜色的鲜艳程度、色彩的强弱。

87 陈列与色彩的模式

商品展示中进行色彩搭配以及色彩控制时，颜色搭配有基本模式。充分利用基本模式，能实现陈列效果的最大化（图表 106）。

①色调变化

所谓色调变化，是指颜色与明度成阶段性的变化。例如，进行色相的变化时，按照色相环进行陈列，就能打造出自然的色彩流动。使用淡色、清澈的颜色、冷色时，可利用色调的变化进行搭配。由明到暗、由暗到明、由明到鲜艳，这种阶段性的变化，也能打造出自然、美观的色彩展示。

②脱层

在将一种颜色与另一种颜色进行搭配却不协调，或者没有明确的颜色边界线时，在边界线处搭配无彩色中的任何一种颜色，都能取得和谐的配色效果。

当颜色分散，陈列混乱，或者相同的颜色混合在一起，色彩不平衡时，夹杂利用无彩色，可将分散的状态统一起来。

③支配色

将很多种颜色进行陈列时，需要在其中选出支配色，并且以支配色为基础展开后续的颜色搭配。

图表106　颜色的基本模式

◆色调变化

色相的色调变化

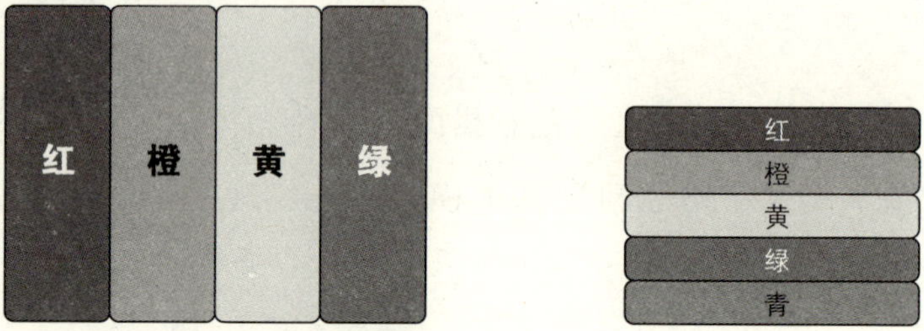

明度的色调变化

◆脱色

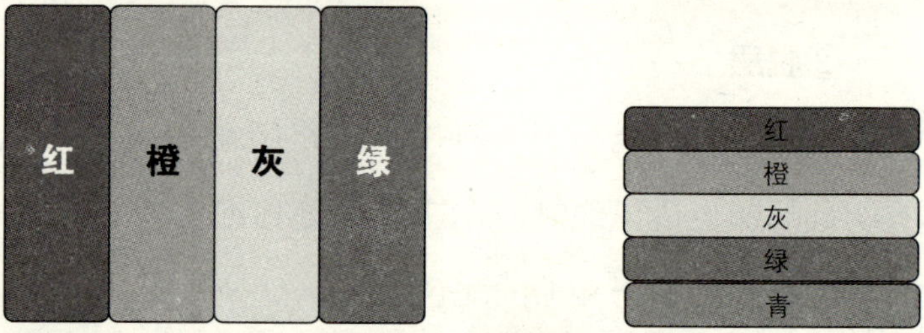

◆支配色

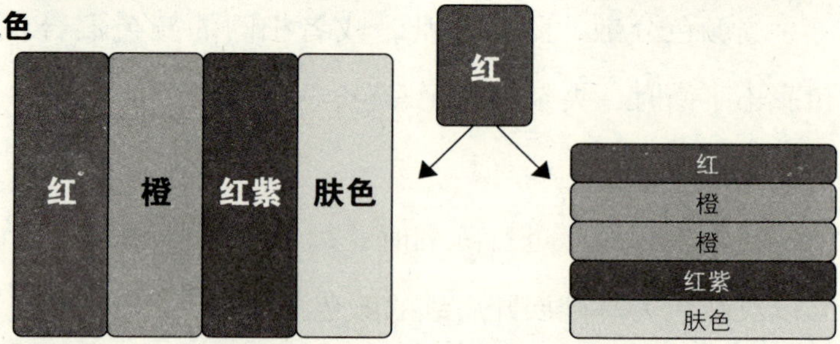

首先，将类似的颜色归纳出来。换句话说，如果红色为主色，那么支配色就是红色系统的颜色。此时采用与红色主色调相关的颜色进行陈列，会使陈列更加统一，对于顾客的冲击力也更强。

④相同颜色的不同色调搭配

利用相同颜色的不同色调进行搭配。如果是红色，那么可以利用比浅红再明亮一点的红色、让人感觉柔和的红色、薄薄的浅红色等，这样能打造出成熟、有品质的、高雅的氛围。

88 色彩的认知要点

我们平时看东西，不会一直盯着一个东西看，而会同时看着四周，并且进行比较。因此，观察的方法不同，对于颜色的认知也各不相同（图表 107）。

对比

所谓色彩的对比，是指某一商品受到其他因素的影响，使商品看起来的颜色与原本的颜色不同。

顾客在观察某一陈列商品时，都会将其与周围商品、陈列工具、卖场等的颜色进行无意识的对比、观察。

因此，有时观察到的商品颜色与原本的颜色会发生偏差。陈列时，可以从 3 个种类的颜色对比着手。

①明度的对比现象

例如：将尺寸大小不同的关联商品进行组合陈列时，根据基础底色的不同，组合颜色的明亮度也不同。

②色相的对比现象

相邻商品相互影响，看起来与原本的颜色有微妙差别。例如：红色商品中混入黄色商品时，整体颜色看起来有一些发绿。

③面积的对比现象

当将大面积的商品与小面积的商品并列陈列时，大面积

图表107　色彩的认知要点

◆对比

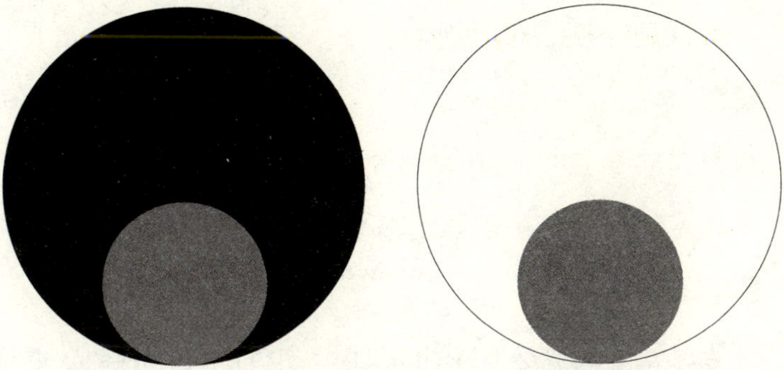

陈列小尺寸商品时，背景采用黑色会让商品看起来更明亮。

◆晕影

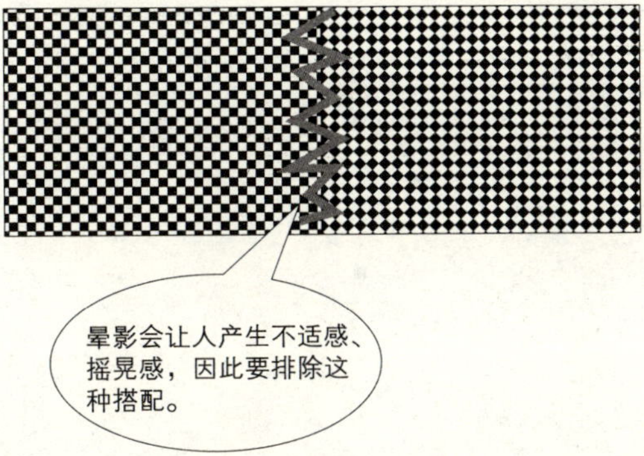

◆色彩的辨识度

明度差越大，辨识度就越高。

的商品颜色比小面积的商品颜色看起来更明亮。例如：将叠放的围巾展开来看时，会比陈列时的颜色更淡，也没有那么明亮。这就是面积的对比现象。

晕影

利用反对色进行颜色搭配时，会让人感到摇晃、头晕。这种摇晃感给人一种不舒服的感觉，让人生厌。

色彩的辨识度

有从远处看能映入眼帘的颜色，也有很难引起人注意的颜色，这就是色彩的辨识度。

例如：从远处就能看到店铺门面的橱窗展示，这就是辨识度高的表现。

第 8 章

利用照明让商品富有表情

89 有效陈列中照明的作用

与色彩相同，照明也是商品展示中不可或缺的要素。对商品展示而言，照明有以下 4 个重要的作用（图表 108）。

①商品照明

以商品为中心进行照明，也被称为工作岗位照明。商品照明是为了将商品特性准确地传达给顾客，采用的是全体商品都能便于顾客发现的照明方法。例如：陈列衣服时，如果是正面陈列，则灯光照射胸附近；如果是侧面陈列，则灯光照射肩膀附近。

②基础照明

指基本照明，也叫做环境照明。其基本目的是将黑暗的地方照亮，以确保卖场的安全性。同时，也可以利用基础照明打造卖场的氛围。可以说，基础照明是最重要的照明方式。

用柔和、温暖的灯光包围卖场，或者统一进行均等照明等，店铺可以通过照明的不同方法，来打造店铺的氛围。

③指示照明

用在看板、宣传板、指示板等上面，指示相关的信息。除广告宣传外，还可以广泛应用于包括安全信息在内的信息指引。灯光颜色不仅可以利用白色，有时候也可以利用彩色，

图表108　照明的种类、作用与手法

◆照明的种类与作用

照明的种类	照明的作用
商品照明（工作岗位照明）	利用照明设备照射商品，以将商品的价值准确地展示出来。
基础照明（环境照明）	照亮黑暗的地方，以确保安全性，也是店铺的基本照明。
指示照明	用于宣传板、指示板等上面，指示相关的信息。除广告宣传外，还可以广泛应用于包括安全信息在内的信息指引。
推荐照明	打造出商品推荐氛围的照明。用于橱窗展示、区域卖场推荐等场合，有多种类型。例如：色彩照明、动感照明、闪光照明等。店铺可根据不同的用途和目的分别使用。

◆照明及其手法

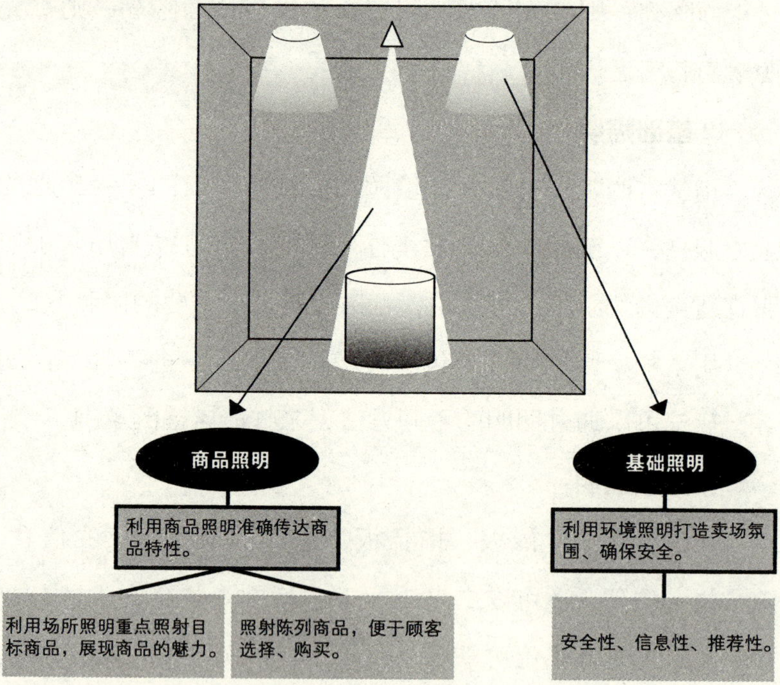

店铺可根据可使用用途与目的的不同具体选择。

④推荐照明

类似区域照明、橱窗照明、舞台照明等为营造陈列现场的氛围，展示商品的优良性，提高商品的印象而开展的照明。推荐照明时，可根据不同的使用目的，采用焦点照明、镭射光照明、闪光照明、动态照明等方式。

为便于顾客发现商品，并且传达出商品的优质感，商品的陈列一般会采用商品照明与基础照明相结合的方式。这是因为只有合理利用这两种照明方式才能取得照明时光照的平衡。

90 通过照明进行展示的照射方法

照明的照射方法大体可分为直接照明与间接照明两种（图表 109）。

图表109　照明的种类

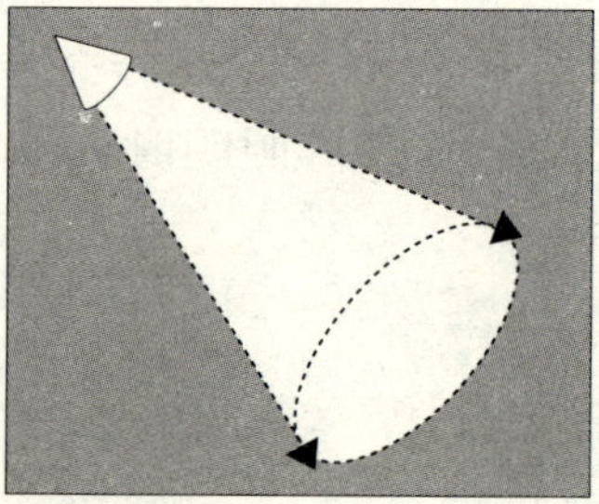

直接照明
集光、散光

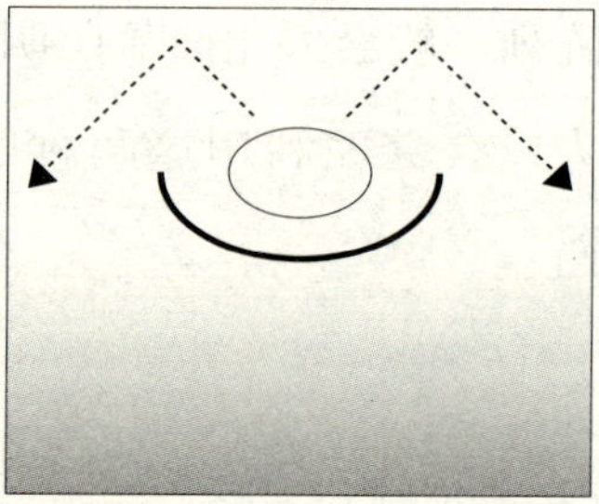

间接照明
更加柔和的光

直接照明

是一种直接接受光源照射的方法。

光聚集在一起照在商品上的“集光照射”，会使商品比周围明亮，照射的范围明确，能够有效制造聚视点。

反之，发散的光照射在商品上的现象被称为“散光照射”。这种照射会使商品与周围一样明亮。

间接照明

是一种利用照射在其他物体上的反射光间接照亮商品的

方法。由于是反射光，所以具备散光的柔弱性。

用反射的散光照亮卖场，使卖场沉浸在柔和的光照中。店铺一般会将间接照明用于环境照明，以打造卖场整体的氛围，给顾客一种安定、治愈的空间感。

根据不同业种的照明感觉

根据业种不同，商品陈列的照明有各自独特的印象和感觉。图表 110 是对不同商品进行灯光照射的效果。

图表110　根据不同业种进行商品陈列的照射感觉

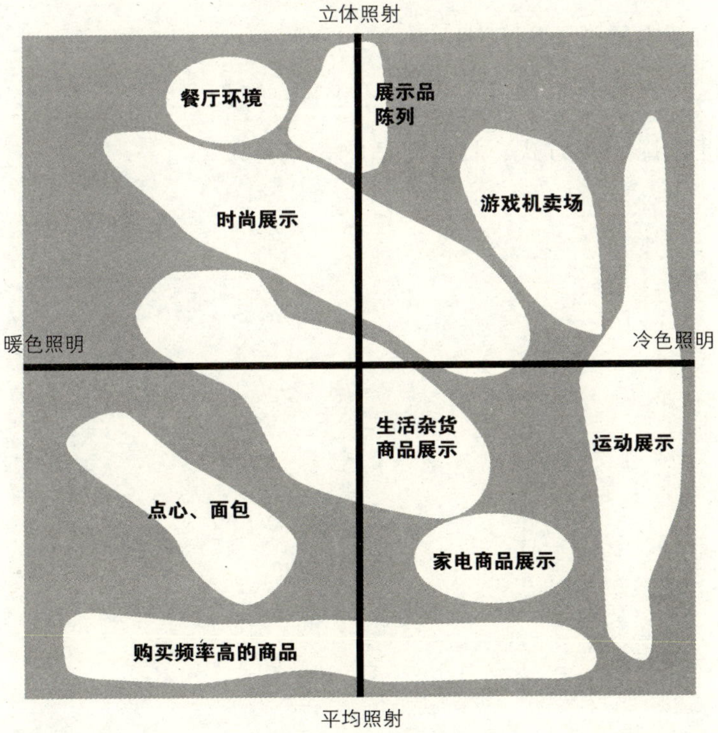

纵轴表示的是立体感，越往上走，照射越立体化。运动区域等常会利用集光照射让商品更加突出，光和影的位置都相当明确，富有立体感。图表110下方是明亮的平均照射，这一照明方法没有产生影子，只是在平面上进行的照明。

横轴表示的是光的性质。左侧是暖光——带有一些红色的光，这样的照明可以传达出柔和、柔软的感觉。右侧是青色、无色、白色的光，利用这样的照明可以传达出清冷的感觉。

店铺可将这些数据进行矩阵状呈现，以此打造商品展示与店铺空间的不同氛围。

当然，并不是说不在照明范围内就没有效果。店铺应当合理选择照明方式，打造舒适的卖场环境。

91 商品陈列中的照射

在考虑商品宣传的有效性时，店铺需要重新审视是否利用照明将店铺理念传达给了顾客，这样的吸引效果是否有效。

照明是销售战略的重要因素

伴随着重点商品视觉营销的展开，利用统一照明的方式很难实现商品陈列的差异化。而且，店内照明如果没有变化，卖场就会很容易枯燥，让顾客感觉清冷，没有新鲜感。因此，照明没有发挥效果时，店铺应当对照明环境进行调整。通过合理照明进行照射的商品，其吸引效果明显不同。

当然，此时说的照明，其目的不仅是让陈列商品看起来更美观。

利用一个照明的方法就能在很大程度上改变一个产品给人的印象，因此卖场的照明与销售效果、卖场效率、销售额密切相关，是销售战略的重要因素。

利用左右光源的强弱打造商品的立体感

如图表 111 所示，根据照射方向的强弱不同，打造出的立体感也各不相同。如①所示，照明开始照射时，虽然能清楚地看到商品，但是完全没有立体感。同时，因为商品没有外观上的特色，所以也无法传达出商品的优质感。因此，从

图表111　照明产生的立体感

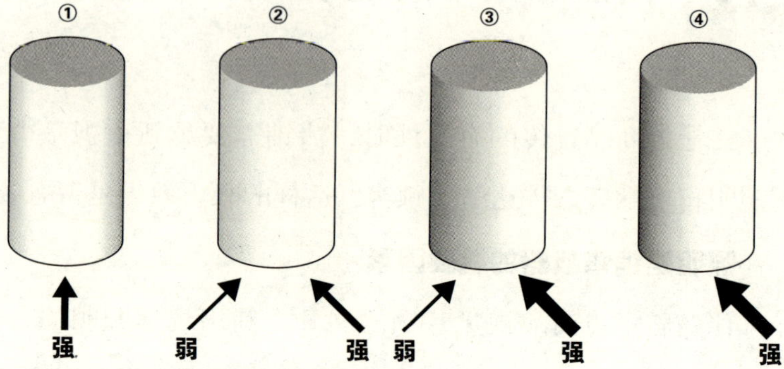

正前方进行照明时，需要注意角度与商品的具体位置。

如②所示，左边利用弱光，右边利用强光进行照射时，商品的照射就会有强弱之分，因此商品看起来更富有立体感。

③与②是同样的照射方法，只是将光的强弱进行了加强。右边使用了更强的光，因此看起来立体感更强。

去掉③中左边的弱光，只留下如④所示的强光时，明暗交错使得陈列商品的立体感更强。但是，由于明暗的平衡过于失衡，所以此方法应当根据需要慎重使用。

照射的平衡正如图表112所示，在基础照明的前提下，可在局部利用焦点照明进行强调。这样的照明方法对于顾客而言更容易接受，看起来也更舒服。

图表112　照明的照射方法

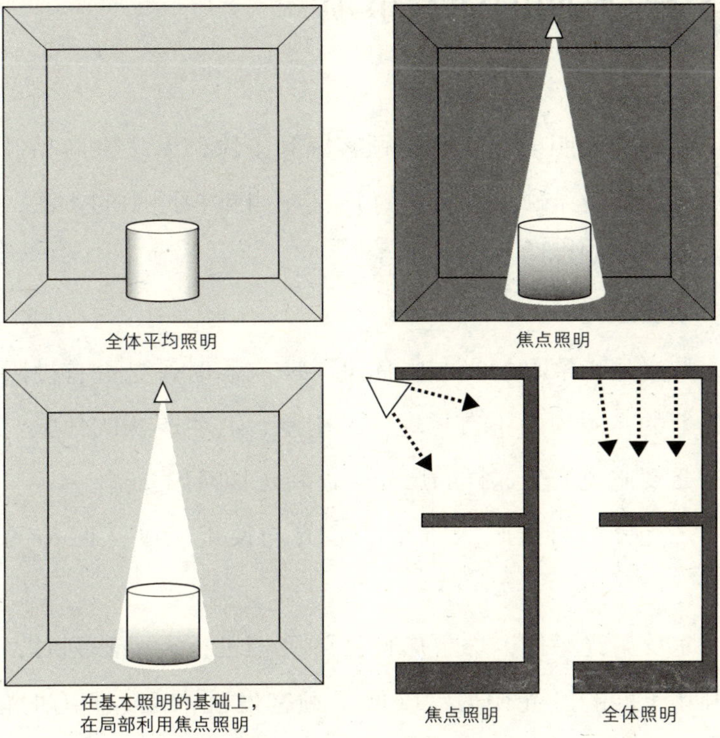

92 照明的注意事项

有的灯光照射方法会让顾客感到不快，无法将商品的特性准确地传达给顾客。因此，店铺应当重视照明的方法，打造舒适的照明环境（图表 113）。

切断炫光

炫光是指耀眼的光。当你进入一家店时，是否有过因为被反射的光照到而不自觉地闭上眼睛，心生不快的体验？店铺有必要避免产生这样的炫光，这就是切断炫光。

炫光分为直接映入眼帘的强光与反射后映入眼帘的反射光。

拿反射光举例，珠宝店使用陈列柜进行商品陈列时，常会利用上面的灯光照射，以便于顾客发现商品。但有时候，因为上部灯光倒映在玻璃上，反射的光常会导致顾客很难看见商品本身。

切断炫光的方法是尽可能地移动灯光的方向。如果是不能移动的光，尤其是不能移动的反射光，店铺就应当降低反射率，或者在光源下方铺一些毯子等。总之，店铺应当从顾客的视角出发，按照顾客的行动路线检查是否有炫光发生。

演色性

根据光的种类不同，陈列商品的颜色会与本来的颜色有

图表113 照明的注意事项

◆切断炫光

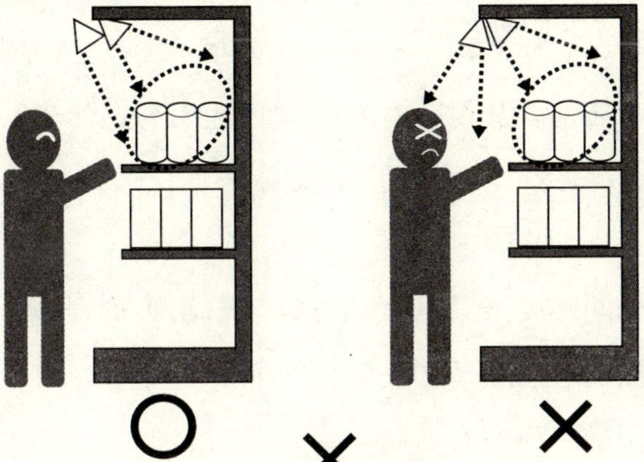

◆反射

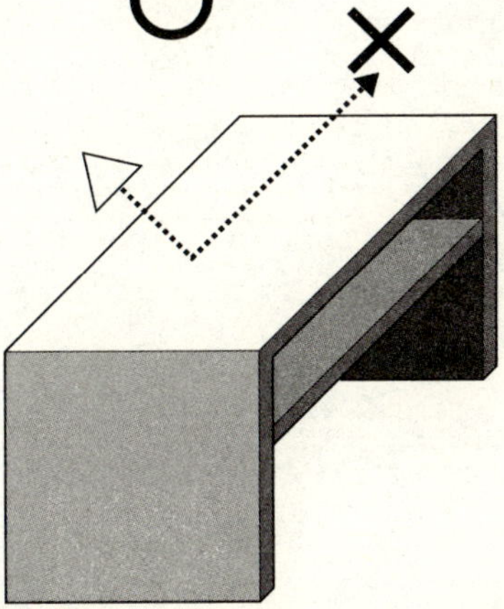

眼睛看到反射的光，会感到眩晕，产生不快感。

◆演色性

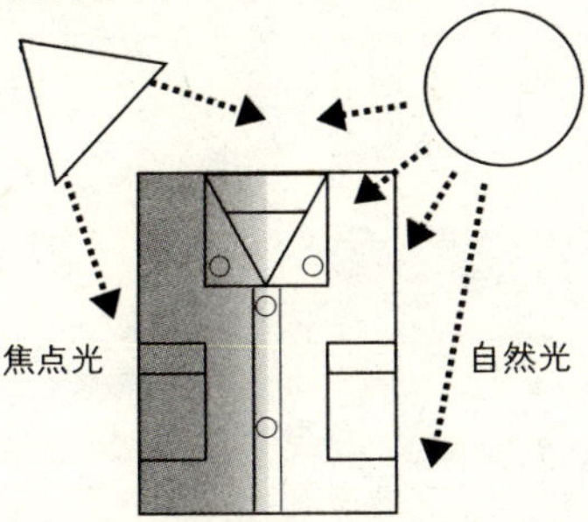

◆色温

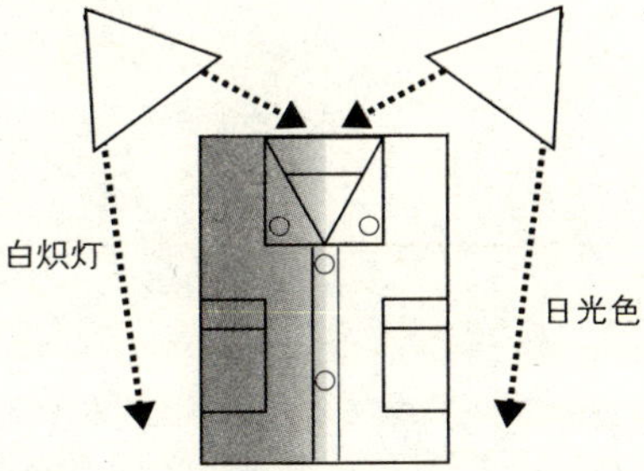

一些差别，这就是演色性。演色性佳是指在自然光下看到的颜色，其以太阳光下看到的颜色为基准。

根据具体的业务种类不同，演色性的重要性也有所区别。例如，时尚店铺以及餐厅内部大多会选用与自然光相近的照明。但是，演色性佳的灯光往往效率不佳。

色温

根据光的性质不同，商品有时候看起来偏青色，有时候看起来偏红色。色温是指光源的光色，其单位以开（K）为标准计量。虽然陈列时看起来颜色偏红，但是商品本身的红色看起并没有更加艳丽。

色温高的日光色荧光灯看起来颜色偏青色，而色温低的白炽灯看起来偏红色。

第 9 章

商品展示的自我诊断

93 进行商品陈列的诊断

陈列时的注意要点如图表 114 所示，请逐条对应进行自我诊断。诊断方法与结果的判定请参考本书第 98 节“卖场的诊断与自我诊断的合计方法”。

①是否进行了商品的整理、整顿？

商品陈列是否整齐？取放商品时，能否看到商品的正面？

②陈列是否易发现、易理解？

是否便于顾客了解到陈列商品的种类？POP 是否起到了辅助作用？吊牌是否遮挡了顾客视线？是否因为商品过重导致顾客不容易发现商品？顾客观察商品时有没有障碍物？

③是否在陈列时进行了色彩控制？

是否控制了色相、明度、彩度、无花纹与有花纹等要素？

④商品陈列数量是否合适？

取走一个商品后，是否能马上进行补货？衣架陈列的基准是衣架长度的三分之二，展示架陈列的基准是层与层之间的空间的二分之一。

⑤陈列时是否进行了商品分类？

只有预先进行了商品分类，顾客才能发现商品。是否按照店铺的类型对商品进行了分类？

图表114　商品陈列诊断表

	商品陈列的诊断项目	是	否	待定
1	是否进行了商品的整理、整顿?			
2	陈列是否易发现、易理解?			
3	是否在陈列时进行了色彩控制?			
4	商品陈列数量是否合适?			
5	陈列时是否进行了商品分类?			
6	陈列商品是否零散?			
7	是否进行了正面陈列?			
8	陈列是否影响相邻商品的销售?			
9	陈列是否清洁?			
10	是否定期进行了陈列位置的更换?			
	合　　计			

⑥陈列商品是否零散?

陈列商品是否因为多少、设计、形状、材质、价格等差异而使陈列显得零散?陈列商品零散与否在极大程度上影响着销量，因此店铺要多加注意，进行商品管理。

⑦是否进行了正面陈列?

是否按照顾客的行动路线采用了正面陈列的方式?

⑧陈列是否影响相邻商品的销售?

陈列时，是否考虑到与面向通道侧的商品陈列、通道两侧的陈列之间的关系?是否在相邻陈列及上下左右各个方向的陈列位置上陈列了关联性强的商品?

⑨陈列是否清洁?

陈列是否让人感到整洁、透亮?

⑩是否定期进行了陈列位置的更换?

是否通过定期进行陈列位置的更换改变店内形象?

94 进行商品推荐的诊断

本节将介绍商品推荐的自我诊断方法（图表115）。

①陈列是否有主题？

VP、PP中必须开展有主题的商品推荐。如果没有主推的商品，商品推荐毫无意义。

②展示中是否存在过度装饰？

店铺要确认卖场内是否有不必要的POP、主力商品不明确的陈列等过度装饰的问题。

③是否需要介绍价格以及商品内容的POP？

VP、PP中除了特殊情况，一般都需要添加。

④卖场的主展示区是否设置在店铺内最明显的位置？

在店铺内确定三个最为明显的位置。

⑤在开展陈列时是否事先考虑了商品的特性？

养成事先检查推荐商品内容的习惯。

⑥展示时是否考虑到了陈列商品的提案性？

商品推荐本身就是一种向顾客提出的建议。店铺需要确认能否利用视觉营销的方式将这一建议表现出来。

⑦是否定期、有计划地进行了陈列变更？

VP、PP的变更应按照计划进行，添加以周、月、季度、

图表115　商品推荐诊断表

	商品推荐的诊断项目	是	否	待定
1	陈列是否有主题?			
2	展示中是否存在过度装饰?			
3	是否需要介绍价格以及商品内容的POP?			
4	卖场的主展示区是否设置在店铺内最明显的位置?			
5	在开展陈列时是否事先考虑了商品的特性?			
6	展示时是否考虑到了陈列商品的提案性?			
7	是否定期、有计划地进行了陈列变更?			
8	店铺是在确定主力商品之后展开相关陈列的吗?			
9	展示时是否设置了吸引顾客的“吸引点”			
10	店铺是否为实现更有魅力的陈列而做了相关的准备?			
	合　计			

半年、年为单位的计划表与销售计划。

⑧店铺是在确定主力商品之后展开相关陈列的吗?

主力商品是主角。推荐内容应当围绕主力商品进行设置。

⑨展示时是否设置了吸引顾客的“吸引点”

如果店铺确定了主力商品，确定了吸引顾客注意的地方，那么吸引点就能通过陈列自然地表现出来。

⑩店铺是否为实现更有魅力的陈列而做了相关的准备?

店铺在展示场所应当开展富有魅力的陈列，在展示场所周边也要设置购买场所。

95 进行卖场环境的诊断

卖场环境诊断的要点如图表 116 所示。

①店铺内部正对门口的空间是否明亮?

店铺内部的明亮程度是由店铺内部正对门口空间的明亮度决定的。店铺内部灯光明亮，很容易吸引顾客进入店内，并且给顾客留下良好的印象。

②陈列工具是否有污垢、有破损?

陈列工具上有污垢、破损，不仅会影响店铺的整体形象，而且商品本身的价值也会被拉低。

③是否注意店内照明的照射方向，并且每日进行检查?

切断炫光。确认店铺内部照明的照射方向是否正确，是否产生了形状奇怪的影子或者斑点。

④店内是否在有意识地进行色彩控制?

颜色使用统一，色彩搭配平衡。

⑤收银台附近是否经常进行整理、整顿?

进行问讯处周围的整理、整顿，保持清洁。收银台、问讯处内部也要进行整理、整顿。

⑥是否利用陈列工具的统一性来营造出店铺独特的购物氛围?

陈列工具是否与商品的感觉相匹配？陈列工具本身也能

图表116 卖场环境诊断表

	卖场环境的诊断项目	是	否	待定
1	店铺内部正对门口的空间是否明亮?			
2	陈列工具是否有污垢、有破损?			
3	是否注意店内照明的照射方向，并且每日进行检查?			
4	店内是否在有意识地进行色彩控制?			
5	收银台附近是否经常进行整理、整顿?			
6	是否利用陈列工具的统一性来营造出店铺独特的购物氛围?			
7	店内相关标识是否易发现、易理解?			
8	是否在有意识地控制卖场内部陈列的高度?			
9	卖场是否让人感觉生机勃勃?			
10	店铺门面处是否富有亲切感，让顾客欣然进入店内?			
	合计			

营造出店铺独特的氛围。

⑦店内相关标识是否易发现、易理解？

检查店内相关标识以及 POP。在适当场所、使用适当数量、进行恰当使用，这三点是 POP 的基本。

⑧是否在有意识地控制卖场内部陈列的高度？

店铺应设定基本的陈列高度，以此控制整个店铺内的陈列高度。陈列高度的基准与是否方便顾客发现商品、店铺传达出什么样的信息密切相关。

⑨卖场是否让人感觉生机勃勃？

让顾客感觉店铺内部明亮、整洁，并且有自己独特的购物氛围。销售团队应保持干劲十足，打造出井然有序的店内环境。

⑩店铺门面处是否富有亲切感，让顾客欣然进入店内？

为了让顾客驻足并走进店内，应在店铺门面处做出相应的设计。同时，应保持门面明亮。

96 进行卖场活用的诊断

进行卖场活用诊断的要点如图表 117 所示。

①是否掌握了顾客的平均滞留时间?

店铺应当把握顾客从进店到出店的时间、男女不同的购物时间、天气与节假日的购物时间等。同时，还应当把握顾客的驻足率与行动路线，顾客接触商品的具体名称以及后续的行动。

②店铺入口处是否有提高来往行人驻足率的相关措施?

店铺门面的橱窗展示应当两个月进行一次更换。为提高顾客的驻足率，店铺应制定相应措施，保证门面处灯光明亮。

③是否根据顾客的行动路线进行卖场的设计?

在顾客的回游路线上下功夫。商品陈列时应注意商品的故事性、关联性以及与其他商品的搭配，营造井然有序的卖场环境。

④是否在卖场内设置了吸引点?

在考虑顾客回游路线的基础上设定 VP、PP 的吸引点。

⑤打造卖场时是否充分考虑了商品推荐与商品陈列?

以向顾客提供展示、探索、购买等服务为目标打造卖场。同时应设计陈列区域，展示周边商品、可供顾客选择的商品

图表117　卖场活用诊断表

	卖场活用的诊断项目	是	否	待定
1	是否掌握了顾客的平均滞留时间?			
2	店铺入口处是否有提高来往行人驻足率的相关措施?			
3	是否根据顾客的行动路线进行卖场的设计?			
4	是否在卖场内设置了吸引点?			
5	打造卖场时是否充分考虑了商品推荐与商品陈列?			
6	是否打造出了店内独特的购物氛围?			
7	是否经常陈列季节感强、新鲜、有特点的商品?			
8	是否以视觉营销为出发点进行了卖场打造?			
9	是否经常进行商品、卖场的设计变更与改善?			
10	你认为自己的店铺有乐趣吗?			
	合　计			

以及关联商品等。

⑥是否打造出了店内独特的购物氛围？

打造自家店铺独特的氛围，让店内陈列富有特色。这与店内环境的打造密切相关。

⑦是否经常陈列季节感强、新鲜、有特点的商品？

让顾客在店铺内部感受到季节感，让卖场富有活力。

⑧是否以视觉营销为出发点进行了卖场打造？

利用视觉营销的效果，使卖场便于顾客发现商品、理解商品，进而有计划地进行商品展示。

⑨是否经常进行商品、卖场的设计变更与改善？

通过对卖场进行设计变更与改善，给卖场带来新鲜感。通过定期进行商品陈列更换，使商品本身的活力得以再次发挥。

⑩你认为自己的店铺有乐趣吗？

在卖场工作的人觉得自己的卖场非常有趣，这样的卖场是最棒的卖场。这种自信是最为重要的。

97 进行促销方面的诊断

促销方面的诊断要点如图表 118 所示。

①是否掌握了经过自家店铺门口的顾客类型?

店铺应当把握如下信息：经过店铺正面的顾客是什么类型？通行人数大概有多少？男女比例以及家庭比例是多少？雨天的通行人数有多少？周末的通行人数有多少？店铺应当根据上述信息打造店铺的门面。

②是否在确定主推商品后展开陈列?

主推商品的陈列在展开陈列时应当放在第一位。但主推商品过多，会稀释目标商品，卖场也会因此而杂乱无章。

③是否观察过顾客的购买行动?

从顾客的购买行动中可以发现自家店铺的不足。店铺要观察目标顾客怎样开展购买行动，是否如期望般停下脚步，对商品进行了观察。

④是否进行过与商圈内媒体相关的分析?

是否观察了竞争店铺的动向？是否定期观察了竞争店铺、受欢迎店铺的动向？是否收集了竞争店铺、受欢迎店铺的广告单并进行了信息分析？

图表118　促销情况诊断表

	促销方面的诊断项目	是	否	待定
1	是否掌握了经过自家店铺门口的顾客类型?			
2	是否在确定主推商品后展开陈列?			
3	是否观察过顾客的购买行动?			
4	是否进行过与商圈内媒体相关的分析?			
5	是否在积极关注市场动向，并将其反映到了门面的宣传中?			
6	促销是否有计划性?			
7	是否掌握了目标顾客群的生活方式?			
8	是否在注重商品差异化的前提下将商品推荐给顾客?			
9	是否定期进行商品构成的调整?			
10	是否根据目标顾客群、商品种类探讨出了最恰当的促销方法?			
	合　　计			

⑤是否在积极关注市场动向，并将其反映到了门面的宣传中？

店铺应当积极进行信息收集，引进新流行的商品、话题性高的商品等，并且陈列在店铺门面处，加以灵活运用。

⑥促销是否有计划性？

促销的相关措施不应零散、单一，应当有计划性。

⑦是否掌握了目标顾客群的生活方式？

是否掌握了自家店铺目标顾客群的生活方式，打造出了与这一生活方式相匹配的商品卖场？

⑧是否在注重商品差异化的前提下将商品推荐给顾客？

进行商品推荐时，应当注重打造与其他店铺商品的差异化。

⑨是否定期进行商品构成的调整？

一直没有变化的陈列是不可取的。店铺应当定期、有计划地调整商品陈列和商品推荐。

⑩是否根据目标顾客群、商品种类探讨出了最恰当的促销方法？

店铺不应把所有人都当成目标顾客，而应确定目标顾客群，利用恰当的方法展开陈列。

98 卖场的诊断与自我诊断的合计方法

从5个诊断项目入手，利用50个问题进行检查。之后，需按照下述步骤进行自我诊断（图表119）。

自我诊断的方法

①50个问题全部检查一遍。符合问题的答案就选“是”，不符合就选“否”，如果哪一种都算不上就选“待定”。

②检查完所有项目后，逐条统计“是”与“否”的数量。答案是“待定”时，不计入统计数据中。

③计算各项目中选择“是”的比例是多少。

④如图表119的雷达图所示，在图中添加各项目中统计出来的百分比。

⑤考虑自我诊断分析表中有什么问题，如何进行改善。

通过一般性的分析，指出应当以什么为重点进行询问。

一般性的分析结果

75%以下=存在问题；60%以下=需要进行大刀阔斧的改革。

①进行商品陈列的诊断

商品陈列的基本是陈列的条件。

②进行商品推荐的诊断

提案性是重点，应进行主题明确、内容易懂的商品推荐。

图表119 卖场的诊断与自我诊断的合计方法

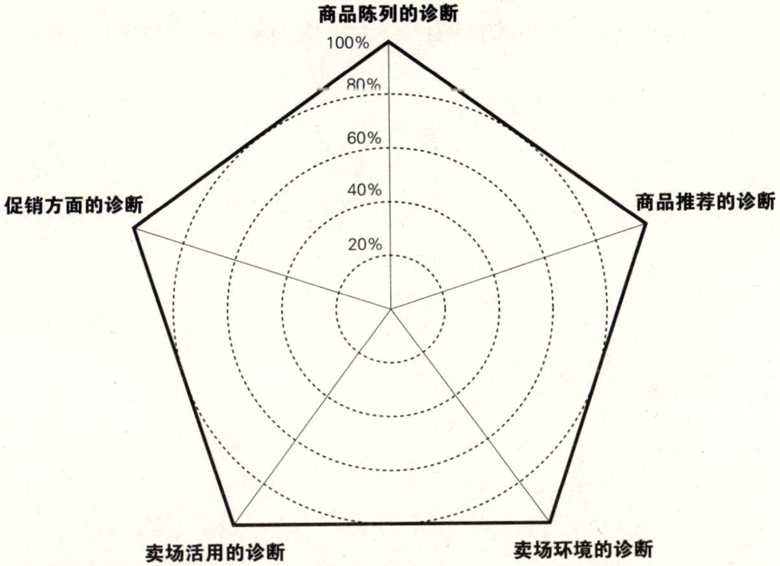

◆自我诊断分析表

诊断项目	%	问题	应对策略
商品陈列的诊断			
商品推荐的诊断			
卖场环境的诊断			
卖场活用的诊断			
促销方面的诊断			

③进行卖场环境的诊断

问题有陈列工具的使用、有意识打造卖场空间、照明的使用、色彩控制等。

④进行卖场活用的诊断

意识到视觉营销的重要性，以此开展卖场的打造工作。

⑤进行促销方面的诊断

积极导入市场信息以及商品的相关建议，活跃商品陈列以及整个卖场的氛围。

99 学习其他店铺的优点

视察其他店铺，学习他们的优点为己所用，也是需要方法的（图表 120）。

进行店铺视察时不能随意选择进入一家店铺。而且，如果只是漫无目的地进行视察，也不会产生实际的效果。视察其他店铺的方法如下。

店铺视察的方法

视察店铺时最重要的一点就是要带着目的去视察。只有确认了视察目的，才能知道自己去店铺后具体应该怎么看。同时也能精简信息，确认到底去哪一家店铺进行视察。

选择视察店铺时并不局限于相同业务种类的店铺。人们的生活方式本来就是多种多样的，多样化之中存在的问题也必须从多个方面入手进行解决。有时候问题的解决方法可能在不同的业种内才能找得到。

因此，选择店铺时要眼界开阔，注意业种不同但有关联性的店铺、受欢迎的店铺等。

在确定视察店铺之后，店铺需要确认以下问题：按照视察的目的应该视察什么信息？如何对看到的信息进行汇总？如何将汇总的信息为自家店铺所用？然后一步一步落实相关

图表120 学习其他店铺

◆选择视察店铺的基准

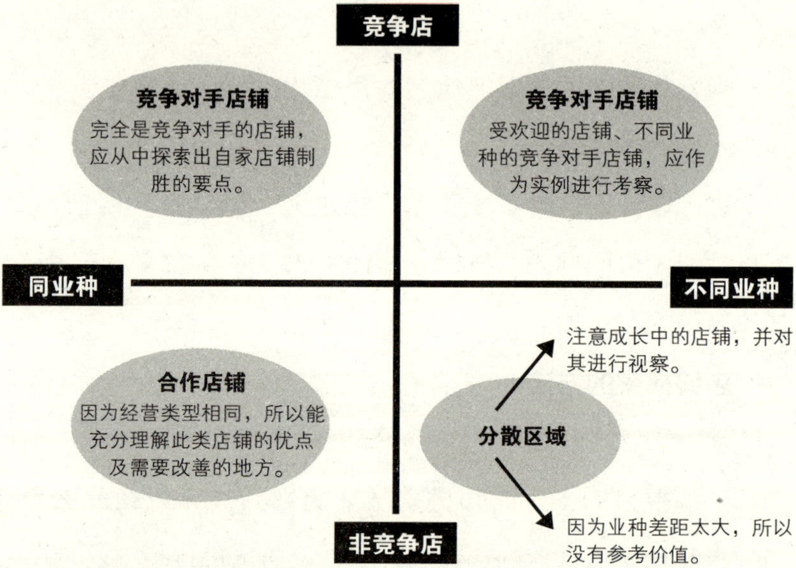

◆应当如何进行视察？

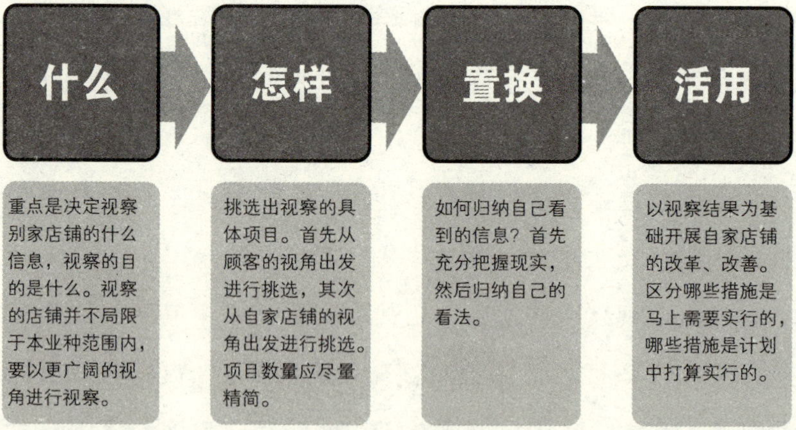

工作。此外，进行海外视察时，需要事先进行基础信息调查，这样就会事先了解商业模式、思维习惯的不同，以此顺利开展视察工作。

①卖场的宽度与形状；

②通道设计与收银台的位置；

③面向通道陈列的商品；

④进入店内的第一印象；

⑤VP 展示的评价；

⑥PP 的表现理念与目标；

⑦陈列的方法；

⑧商品的展示方法；

⑨陈列工具的特征；

⑩店铺门口正面的设置；

⑪照明的特征与平衡；

⑫吸引点。

此外，还要视察对方店铺在商品、销售人员、管理、安全等方面的见解。

“服务的细节”系列

《卖得好的陈列》：日本“卖场设计第一人”永岛幸夫

定价：26.00元

《为何顾客会在店里生气》：家电卖场销售人员必读

定价：26.00元

《完全餐饮店》：一本旨在长期适用的餐饮店经营实务书

定价：32.00元

《完全商品陈列115例》：畅销的陈列就是将消费心理可视化

定价：30.00元

《让顾客爱上店铺1——东急手创馆》：零售业的非一般热销秘诀

定价：29.00元

《如何让顾客的不满产生利润》：重印25次之多的服务学经典著作

定价：29.00元

《新川服务圣经——餐饮店员工必学的52条待客之道》：日本“服务之神”新川义弘亲授服务论

定价：23.00元

《让顾客爱上店铺2——三宅一生》：日本最著名奢侈品品牌、时尚设计与商业活动完美平衡的典范

定价：28.00元

《摸过顾客的脚才能卖对鞋》：你所不知道的服务技巧，鞋子卖场销售的第一本书

定价：22.00 元

《繁荣店的问卷调查术》：成就服务业旺铺的问卷调查术

定价：26.00 元

《菜鸟餐饮店 30 天繁荣记》：帮助无数经营不善的店铺起死回生的日本餐饮第一顾问

定价：28.00 元

《最勾引顾客的招牌》：成功的招牌是最好的营销，好招牌分分钟替你召顾客！

定价：36.00 元

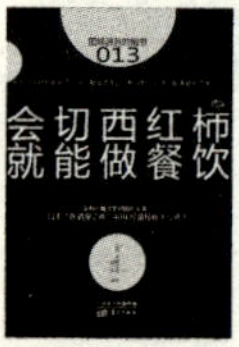

《会切西红柿，就能做餐饮》：没有比餐饮更好做的卖卖！ 饭店经营的“用户体验学”。

定价：28.00 元

《制造型零售业——7-ELEVEn 的服务升级》：看日本人如何将美国人经营破产的便利店打造为全球连锁便利店 NO. 1！

定价：38.00 元

《店铺防盗》：7 大步骤消灭外盗，11 种方法杜绝内盗，最强大店铺防盗书！

定价：28.00 元

《中小企业自媒体集客术》：教你玩转拉动型销售的 7 大自媒体集客工具，让顾客主动找上门！

定价：36.00 元

《敢挑选顾客的店铺才能赚钱》：日本店铺招牌设计第一人亲授打造各行业旺铺的真实成功案例

定价：32.00 元

《餐饮店投诉应对术》：日本 23 家顶级餐饮集团投诉应对标准手册，迄今为止最全面最权威最专业的餐饮业投诉应对书。

定价：28.00 元

《大数据时代的社区小店》：大数据的小店实践先驱者、海尔电器的日本教练传授小店经营的数据之道

定价：28.00 元

《线下体验店》：日本 “体验式销售法”第一人教你如何赋予 O2O 最完美的着地！

定价：32.00 元

医患纠纷
解决术

022
迪士尼店长心法

医师
接诊艺术

超人气餐饮店
促销大全

服务的初心

《最强导购成交术》：解决导购员最头疼的55个问题，快速提升成交率！

定价：36.00元

《帝国酒店——恰到好处的服务》：日本第一国宾馆的5秒钟魅力神话，据说每一位客人都想再来一次！

定价：33.00元

《餐饮店长如何带队伍》：解决餐饮店长头疼的问题——员工力！ 让团队帮你去赚钱！

定价：36.00元

《漫画餐饮店经营》：老板、店长、厨师必须直面的25个营业额下降、顾客流失的场景

定价：36.00元

《店铺服务体验师报告》：揭发你习以为常的待客漏洞 深挖你见怪不怪的服务死角 50个客户极致体验法则

定价：38.00元

《餐饮店超低风险运营策略》：致餐饮业有志创业者＆计划扩大规模的经营者＆与低迷经营苦战的管理者的最强支援书

定价：42.00元

《零售现场力》：全世界销售额第一名的三越伊势丹董事长经营思想之集大成，不仅仅是零售业，对整个服务业来说，现场力都是第一要素。

定价：38.00 元

《别人家的店为什么卖得好》：畅销商品、人气旺铺的销售秘密到底在哪里？ 到底应该怎么学？ 人人都能玩得转的超简明 MBA

定价：38.00 元

《顶级销售员做单训练》：世界超级销售员亲述做单心得，亲手培养出数千名优秀销售员！ 日文原版自出版后每月加印 3 次，销售人员做单必备。

定价：38.00 元

《店长手绘 POP 引流术》：专治“顾客门前走，就是不进门“，让你顾客盈门、营业额不断上涨的 POP 引流术！

定价：39.80 元

《不懂大数据，怎么做餐饮？》：餐饮店倒闭的最大原因就是“讨厌数据的糊涂账”经营模式。

定价：38.00 元

《零售店长就该这么干》：电商时代的实体店长自我变革。

定价：38.00 元

《生鲜超市工作手册蔬果篇》：海量图解日本生鲜超市先进管理技能

定价：38.00 元

《生鲜超市工作手册肉禽篇》：海量图解日本生鲜超市先进管理技能

定价：38.00 元

《生鲜超市工作手册水产篇》：海量图解日本生鲜超市先进管理技能

定价：38.00 元

《生鲜超市工作手册日配篇》：海量图解日本生鲜超市先进管理技能

定价：38.00 元

《生鲜超市工作手册副食调料篇》：海量图解日本生鲜超市先进管理技能

定价：48.00 元

《生鲜超市工作手册 POP 篇》：海量图解日本生鲜超市先进管理技能

定价：38.00 元

《日本新干线 7 分钟清扫奇迹》：我们的商品不是清扫，而是“旅途的回忆”

定价：39.80 元

《像顾客一样思考》：不懂你，又怎样搞定你？

定价：38.00 元

《好服务是设计出来的》：设计，是对服务的思考

定价：38.00 元

《让头回客成为回头客》：回头客才是企业持续盈利的基石

定价：38.00 元

《餐饮连锁这样做》：日本餐饮连锁店经营指导第一人

定价：39.00 元

《养老院长的 12 堂管理辅导课》：90%的养老院长管理烦恼在这里都能找到答案

定价：39.80 元

《大数据时代的医疗革命》：不放过每一个数据，不轻视每一个偶然

定价：38.00 元

《如何战胜竞争店》：在众多同类型店铺中脱颖而出

定价：38.00 元

《这样打造一流卖场》：能让顾客快乐购物的才是一流卖场

定价：38.00 元

《店长促销烦恼急救箱》：经营者、店长、店员都必读的“经营学问书”

定价：38.00 元

《餐饮店爆品打造与集客法则》：迅速提高营业额的“五感菜品”与“集客步骤”

定价：58.00 元

《赚钱美发店的经营学问》：一本书全方位掌握一流美发店经营知识

定价：52.00 元

《新零售全渠道战略》：让顾客认识到“这家店真好，可以随时随地下单、取货”

定价：48.00 元

《良医有道：成为好医生的 100 个指路牌》：做医生，走经由“救治和帮助别人而使自己圆满”的道路

定价：58.00 元

《口腔诊所经营 88 法则》：引领数百家口腔诊所走向成功的日本口腔经营之神的策略

定价：45.00 元

《来自 2 万名店长的餐饮投诉应对术》：如何搞定世界上最挑剔的顾客

定价：48.00 元

《超市经营数据分析、管理指南》：来自日本的超市精细化管理实操读本

定价：60.00 元

《超市管理者现场工作指南》：来自日本的超市精细化管理实操读本

定价：60.00 元

图字：01-2017-8682 号

图书在版编目（CIP）数据

有趣就畅销！：商品陈列 99 法则 /（日）福田博秀 著；王高婷 译. —北京：东方出版社，2018. 6
（服务的细节；068）
ISBN 978-7-5207-0293-5

Ⅰ. ①有…　Ⅱ. ①福… ②王…　Ⅲ. ①商品陈列　Ⅳ. ①F713. 7

中国版本图书馆 CIP 数据核字（2018）第 054026 号

服务的细节 068：有趣就畅销！商品陈列 99 法则
（FUWU DE XIJIE 068：YOUQU JIU CHANGXIAO！SHANGPIN CHENLIE 99 FAZE）

作　　者：［日］福田博秀
译　　者：王高婷
责任编辑：崔雁行　吕媛媛　高琛倩
出　　版：东方出版社
发　　行：人民东方出版传媒有限公司
地　　址：北京市东城区东四十条 113 号
邮　　编：100007
印　　刷：北京楠萍印刷有限公司
版　　次：2018 年 6 月第 1 版
印　　次：2018 年 6 月第 1 次印刷
开　　本：880 毫米×1230 毫米　1/32
印　　张：10. 875
字　　数：199 千字
书　　号：ISBN 978-7-5207-0293-5
定　　价：68. 00 元
发行电话：（010）85924663　85924644　85924641